Juli Peradejordi

Simbolismo e iconografía del Tarot

Ediciones Obelisco

Si este libro le ha interesado y desea que le mantengamos informado de nuestras publicaciones, escríbanos indicándonos qué temas son de su interés (Astrología, Autoayuda, Ciencias Ocultas, Artes Marciales, Naturismo, Espiritualidad, Tradición...) y gustosamente le complaceremos.

Puede consultar nuestro catálogo en www.edicionesobelisco.com

Colección Cartomancia y Tarot
Simbolismo e iconografía del Tarot
Juli Peradejordi

1.ª edición: marzo de 2024

Corrección: *Elena Morilla*
Diseño de cubierta: *Carol Briceño*

Edita: Ediciones Obelisco, S. L.
Collita, 23-25. Pol. Ind. Molí de la Bastida
08191 Rubí - Barcelona - España
Tel. 93 309 85 25 - Fax 93 309 85 23
E-mail: info@edicionesobelisco.com

ISBN: 978-84-1172-064-9
DL B 20017-2023

Printed in India

Introducción

El Tarot tradicional es un *Mutus Liber*, es decir un libro mudo, un libro sin palabras. Sin embargo, no hemos de ver en esta mudez un defecto, como el del primer arcano, *Le Mat* o El Loco, privado de la palabra, sino una elocuencia sutil que está más allá de lo discursivo, más allá de las palabras. Nos hallamos ante unas imágenes reveladoras que no hablan al razonamiento sino a la *imaginación*.

Si las *Mutae Artis* de los antiguos eran las Artes Simbólicas, el Tarot es mudo porque es simbólico. Sin embargo, sus atractivas figuras son falsamente mudas ya que son figuras que *dicen*. Sin embargo, dicen sin forzar, sin violentar, sugiriendo, evocando a través de la magia iconográfica y plástica de sus arcanos.

Al hombre actual mucha de esta magia iconográfica le es completamente ajena. Ignorante de a qué se refieren los motivos que el discreto autor del Tarot ha retomado de la Tradición y los maestros naiperos han copiado y perpetuado, el hombre actual considera a estos naipes como un mero soporte adivinatorio. Como el de las catedrales o incluso como el de la naturaleza, el lenguaje simbólico de estos arcanos «habla al alma de los más humildes como a la de los más cultos»[1]. Sus motivos, tal y como han llegado hasta nosotros en el Tarot de Marsella, son marcadamente judeocristianos, pero no deben ser contemplados únicamente como una obra de carácter judío o cristiano. Se trata, más bien, de una vasta concreción de ideas, tendencias, leyendas y fe populares, como un mar profundo en el que han ido sedimentando elementos de culturas diversas, que el uso del tiempo y el genio del maestro naipero han permitido que no se convirtieran en un mero sincretismo.

El Tarot vehicula un mensaje tradicional. Se trata de la misma enseñanza transmitida de edad en edad, inalterada en el fondo, aunque muchas veces adulterada en la forma por ignorancia de los copistas. Esta enseñanza, por su naturaleza misma, no puede ser expresada por medio de las palabras.

1. Véase J. F. Colfs, *La Filiation généalogique de toutes les Écoles gnostiques*, París, Baudri, 1884.

Con todo el respeto y un cierto reparo nos acercamos al Tarot como «cómplice» (de *complex-icis*), buscando no la complicidad del lector, sino la de su inteligencia profunda, la de su alma. Callaremos más cosas de las que diremos e intentaremos caminar al lado de los arcanos, si bien en alguna ocasión aventuraremos algún comentario personal junto a las citas, la mayoría de ellas tradicionales, con las que acompañaremos a los arcanos. René Guénon, muy crítico con todo lo que podía oler a ocultismo, sostenía que en el Tarot «se encuentran vestigios de una ciencia tradicional, cualquiera que sea su origen».

Estamos seguros de que comparando pacientemente los elementos iconográficos y simbólicos de los 22 arcanos mayores diremos más que dando rienda suelta a nuestra imaginación o teorizando sobre lo que ignoramos o no hemos experimentado. También recurriremos a la etimología, y no siempre a la latina, para ilustrar el sentido de los arcanos.

Si el Tarot es «mudo», si es al mismo tiempo un «juego» y una «joya» (ambas palabras derivadas de *iocus*, término que procede de un antiguo verbo que significa «decir») es porque es capaz de *decirnos* algo a la vez jocoso y de gran valor. Pero sin duda, también para que nos lo diga, nosotros hemos de poner algo de nuestra parte. Veremos que en muchos arcanos se encuentra una alusión velada a lo sexual o a lo erótico.

El presente trabajo se limita, pues, a estudiar algunos de los numerosísimos símbolos que aparecen en el Tarot de Marsella o asociados a él. Hay muchos Tarots y algunos de ellos son de una gran belleza y han sido realizados por grandes artistas, pero el marsellés y sus primos hermanos de Besanzón conservan algo que parece faltar en otros Tarots más modernos.

Uno de nuestros propósitos es hacerle ver al lector que el Tarot es un libro cabalístico. Si bien los ocultistas del XIX ya lo intuyeron e intentaron hacer encajar de una modo absolutamente exterior y superficial las 22 letras del alfabeto hebreo con los 22 arcanos mayores, creemos que hasta la fecha no se ha publicado ningún estudio sistemático y creíble sobre las relaciones entre el Tarot de Marsella y la Cábala.

Algunos tarotistas modernos han querido asociar estos naipes con el denominado «Árbol de la vida» de la Cábala, el *Etz Jaim* (עץ חיים). No hay ni un solo dato tradicional que lo justifique. La única presunta relación que conozcamos es que TARO es un anagrama de ROTA, en latín «rueda»; y Guillaume Postel escribió que «el árbol del conocimiento del Edén es como una rueda en el centro de una rueda (*Rota in medio Rotae*)», pero esto no prueba de ninguna manera que Postel conociera el Tarot ni éste tenga nada que ver con el *Etz Jaim* (עץ חיים). Que el alfabeto hebreo tenga 22 letras (en realidad serían 27 con las letras finales) no prueba que el Tarot compuesto por 21 arcanos + 1 haya de tener una correspondencia con éste. Tampoco existe ninguna relación etimológica entre la palabra *Tarot* y la palabra *Torah*. Si queremos encontrar alguna relación de tipo cabalístico en el Tarot siempre podremos hacerlo. Sabemos, por ejemplo, que para el cabalista Abraham Abulafia, el número 22 se refiere a los 20 dedos, la lengua y el sexo. En algunos mazos, el arcano n.º XV, el Diablo, nos enseña 20 garras y la lengua. El sexo está situado en el medio exacto de la carta. Si queremos más números, observemos que el total de arcanos entre mayores y menores es 78 (26 x 3), o sea, el triple del valor numérico del Nombre de Dios, IHWH. Se podrían decir muchas cosas más, como que El Loco, *Le Mat*, es el hombre sin bendición y que añadiendo las letras hebreas *Iod* y *He* a *Elem*, que en hebreo significa «mate», obtenemos el nombre de Dios, *Elohim*, como nos señaló en privado hace muchos años un discreto cabalista que conocía muy bien el Tarot.

Es interesante señalar que los antiguos Tarots eran láminas de pan de oro «tarotadas», eso quiere decir que están realizadas según la técnica del *taroccato*, es decir, la impresión de decoraciones por medio de un punzón, propio de las cartas producidas para las principales cortes del norte de Italia. El número 78 es muy importante en la Cábala precisamente porque es la guematría de *lejem* (לחם), «pan».

Con todo, la palabra «Tarot» no existe en hebreo antiguo y no nos consta la existencia de cartas de juego entre el pueblo judío.

La palabra *Taraux* apareció sin previo aviso a principios del siglo XVI. En el *Gargantúa* de Rabelais (1532) aparece la expresión *jouer au tarau*, «jugar al tarot».

El Tarot es marsellés, provenzal, aunque dispongamos de lo que podríamos llamar «protoTarots» de otras regiones e incluso de otros países. ¡Hay incluso restos de un antiquísimo Tarot de Nicosia!

En el *Dictionnaire du vieux langage françois* de François Lacombe (1766) podemos leer: «Tareau, Taro, grande carte à jouer, du double de celles en usage. Les Tarot sont en usage en Provence».

Para Court de Gébelin, el primer autor en escribir sobre el Tarot en el siglo XVIII, se trataría de «un juego desconocido ciertamente en París, pero muy conocido en Italia, Alemania, incluso en Provenza». Y ciertamente el Tarot estaba bastante extendido y era mucho más antiguo. El primero proponer el nombre de «Tarot de Marsella» sería el médico y ocultista francés Gérard Anaclet Vincent Encausse, más conocido como Papus en su influyente libro *Le Tarot des Bohémiens* (1889).

Por otra parte, en el Calendario de la Natividad de Leonhard Keymann (1515) podemos ver junto a los signos zodiacales varios motivos que coinciden sorprendentemente con los arcanos del Tarot.

El significado primigenio de la palabra «Tarot» sigue siendo un misterio.

Tarot de Nicosia

En un poema italiano fechado en el año 1494 nos encontramos con la palabra *Taroch,* que significa «loco», «estúpido»; disponemos también de otro texto también de finales del siglo XV en el que la palabra *Tarochus* significa lo mismo. Probablemente ésta sea la causa de que el primer arcano sea El Loco o *Le Mat.*

Para muchos autores la palabra «Tarot» procedería de *Tara,* algo defectuoso que ha perdido su precio. Pietro Arétino hace derivar la palabra «Tarot» del griego *Etaroi,* que significa «compañero». Según Court de Gébelin, «Tarot» estaría compuesto por la palabra egipcia *tar* («el camino», «la vía», «el sendero») y *rog* («rey» o «real»), significaría el «camino real». Esta interpretación podría parecernos un tanto fantasiosa, pero curiosamente el hebreo *Derej* y el árabe *Tarika* significan también «Camino».

En cualquier caso, nuestro libro mudo comienza con un caminante, *Le Mat,* y culmina con una carta, *El Mundo,* que simboliza el destino del hombre que ha escapado al destino: el mundo venidero.

Calendario de la Natividad, *Leonhard Keymann (1515)*

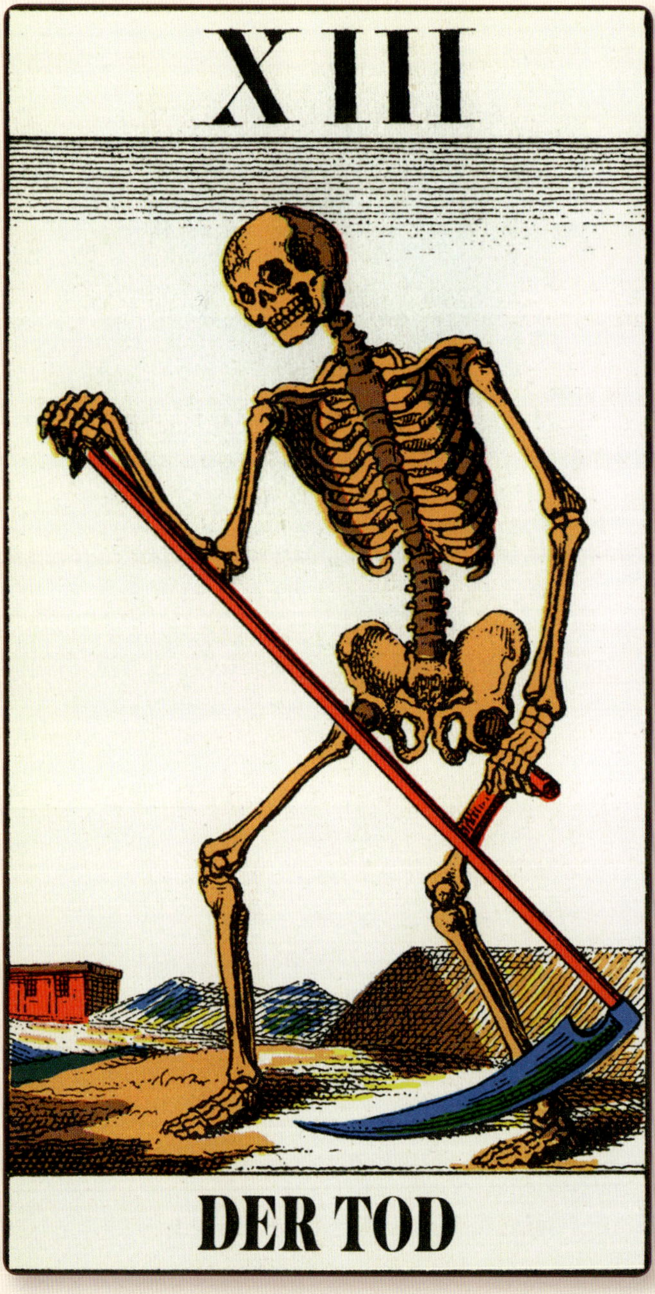
XIII
DER TOD

Un paseo entre el amor y la muerte

En esa suerte de compendio de la humana vida que es el Tarot tradicional podemos vislumbrar un itinerario vital, aquel que va del amor a la muerte. Beso o muerte, ambos son dos finales ofrecidos al hombre. En el primero hay unión y en el segundo, separación.

La carta que representa al amor nos regala una bella escena en la que el ángel Cupido dispara sus flechas a unos amantes. Estas flechas son lo que se conoce como besos, y el arco está formado por los labios, inferior y superior, que tienen precisamente forma de arco. Pero ¿no es una locura comparar besos y armas? «Arma» en hebreo es *Neshek* (נשק) y «Besar», *Nishek* (נשק), de donde vendrá *Neshikah* (נשיקה), «Beso». En *Neshikah* (נשיקה), «Beso», nos encontramos con *Nash* (נש), «Hombre». En *Mavet* (מות), «Muerte», con *Met* (מת), «Muerto», «Fallecido». Veamos cómo en el Tarot de Noblet aparece la palabra «Amor» en el naipe que representa la muerte.

Tarot de Noblet (1650)

Tarot de Jules Héri (1718)

En francés, este naipe recibe el nombre de L'AMOUREUX, «El Enamorado». La presencia de tres personajes, a parte del ángel, no debería despistarnos: son uno solo o, mejor dicho, el cuerpo, el alma y el espíritu de un mismo personaje. Los tres están tocándose como para decirnos que en realidad son uno: un alma que se ha encarnado en un cuerpo con un espíritu. En hebreo un verbo que significa «tocar», «juntar», «rozar» es *Hishik* (השיק). En terminología hebrea diríamos una

Neshamah que habita un *Nefesh* y un *Guf* unidos (las palabras «alma» y «espíritu» no corresponden a *ame* y *esprit* en francés, sino lo contrario). El nombre del naipe nos está revelando de quién se trata: el alma prisionera en la cárcel del cuerpo. Podemos leer L'AMOUREUX como *L'ame ou reux. Reux* o *reus*, que en francés antiguo significaba «prisionero». Este término pertenece a la misma raíz que la palabra *rehén,* que también significa «prisionero», e incluso de *reo,* «culpable».

¿Cuál es el destino, el triste final de este reo? Sin duda la muerte, idea representada en el arcano número XIII, el único que no lleva nombre, y que se ha convenido en llamar La Muerte. La Cábala nos desvela que hay dos tipos de muertes: la muerte por el beso y la muerte por el ángel de la muerte. La primera, al contrario de la segunda, es una muerte de amor. Cuando unimos amor y muerte, en hebreo *Ahavah veMavet* (אהבה ומות) nos encontramos con una expresión cuya guematría es 465. Se trata exactamente de la misma guematría que la de *Neshikah* (נשיקה), «Beso».

El ángel de la muerte que aparece en el naipe n.º XIII es lo que en la Edad Media se conocía como «diablo cojuelo». Se trata de un diablo cojo que divide al hombre en dos partes, una masculina y otra femenina. Si volvemos al concepto antagónico, el beso que une, *Neshikah* (נשיקה), e invertimos esta palabra, nos encontramos con *Hakishen* (הקישן), «Cojo».

En ese otro libro iniciático que es el *Cantar de los cantares* (VIII-6) podemos leer:

כִּי-עַזָּה כַמָּוֶת אַהֲבָה

«... porque fuerte es como la muerte el amor».

Esta idea es, ciertamente, de una gran belleza y profundidad, pero desgraciadamente la vida de todos los días parece desmentirla. ¿Qué necesita el amor para ser fuerte como la muerte, para vencerla? Los números de los dos naipes mencionados nos lo sugieren: VI y XIII, o sea 6 y 13. Se trata de una alusión al 613, que es el número de Preceptos (מיצות) según la tradición hebrea, así como el número de partes del cuerpo o del alma, compuestos por 248 órganos y 365 arterias.

Así como Cupido utiliza sus armas para atacar al hombre, éste dispone de 613 armas para defenderse, son los Preceptos, las *Mitzvoth* (מצוות).

La misma carta de L'AMOUREUX nos sugiere la idea de elección. Como ya ha señalado la psicología, podemos reaccionar de dos maneras en casi todas las situaciones: a través del temor o a través del amor. El temor corresponde a la carta de La Muerte y el amor a la del Enamorado. El temor siempre tergiversa las cosas, para peor, mientras que el amor les otorga una nueva dimensión, para bien.

Vando'l ſettētrion del primo cielo;
Che ne occaſo mai ſeppe, ne orto;
Ne daltra nebbia che di colpa velo;

Dante, Divina comedia

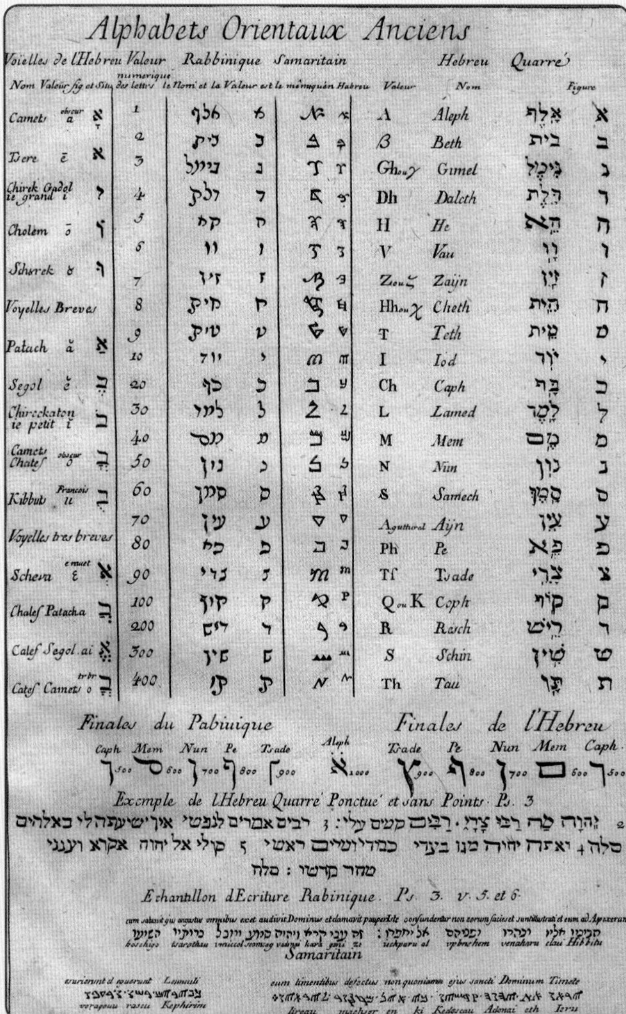
Alphabets Orientaux Anciens
Voielles de l'Hebreu
Valeur numerique des lettres
Rabbinique
Samaritain
Hebreu Quarré
Nom Valeur fig. et Situ.
le Nom et la Valeur est le même qu'en Hebreu
Valeur
Nom
Figure
Camets
Tsere
Chirek Gadol le grand i
Cholem
Schurek
Voyelles Breves
Patach
Segol
Chireckaton le petit i
Camets Chatef
Kibbuts
Voyelles tres breves
Scheva
Chalef Patacha
Catef Segol ai
Catef Camets
1
2
3
4
5
6
7
8
9
10
20
30
40
50
60
70
80
90
100
200
300
400
A
B
Gh
Dh
H
V
Z
Hh
T
I
Ch
L
M
N
S
Aguttural
Ph
Ts
Q ou K
R
S
Th
Aleph
Beth
Gimel
Daleth
He
Vau
Zaijn
Cheth
Teth
Iod
Caph
Lamed
Mem
Nun
Samech
Aijn
Pe
Tsade
Coph
Resch
Schin
Tau
Finales du Rabinique
Finales de l'Hebreu
Caph
Mem
Nun
Pe
Tsade
Aleph
Exemple de l'Hebreu Quarré Ponctué et sans Points. Ps. 3
Echantillon d'Ecriture Rabinique. Ps. 3. v. 5. et 6.
Samaritain

El tarot y las letras hebreas

Resulta cuanto menos curioso que el número de arcanos mayores coincida con el número de letras del alfabeto hebreo: 22. Ello ha hecho que diversos autores, sobre todo del siglo XIX, hayan relacionado un arcano con una letra. Con todo, no hay unanimidad entre estos autores, y no podemos decir que se trate de algo tradicional pues no encontramos letras hebreas asociadas al Tarot hasta Eliphas Lévi, o sea en pleno siglo XIX. Por lo demás, las relaciones que establece Lévi son bastante fantasiosas.

Con todo el respeto que tenemos por este gran ocultista, debemos recriminarle que al no ser cuestionada su autoridad, muchos de sus errores se han ido perpetuando hasta nuestros días. Los 22 arcanos no se forjaron a partir de las 22 letras, mal nos pese.

Sin embargo, si nos fijamos en algunos motivos que aparecen en los arcanos, podemos descubrir algunas analogías cuanto menos curiosas.

Por ejemplo: la forma del tronco y los brazos del Mago, *le Bateleur*, parecen dibujar una letra *Alef* (א), cuyo valor numérico es 1, como el número de este arcano.

No hemos encontrado ningún autor que lo sostuviera, pero también hay una relación, por lo demás muy sutil, entre el arcano número II, La Papisa y la segunda letra del alfabeto hebreo, la letra *Beth* (ב), concretamente la primera letra de la *Torah*, la *Beth* (ב) de *Bereshit* (בראשית), que es algo mayor que las demás letras y en el interior de la cual podemos apreciar un punto, que representa a la semilla de la cual está embarazada, como también lo está la Papisa del Tarot. El libro abierto que sostiene encima de sus rodillas es precisamente el libro de la *Torah*.

Algún autor ha visto en la forma de la balanza del arcano número VIII, La Justicia, una alusión a la letra *Jet* (ח), la octava letra del alfabeto hebreo. En cualquier caso, esta letra es la inicial de *Jereb* (חרב), «Espada».

Otros han querido ver en la lámpara del Ermitaño a la letra *Tet* (ט), cuyo valor numérico es 9, pero francamente no se parecen demasiado. Lo que sí es cierto es que su bastón se parece mucho a la letra *Nun Sofit* (ן) o *Nun* final.

En la décima carta de los arcanos mayores, la Rueda de la Fortuna, podemos adivinar una letra *Iod* (י), la décima letra del alfabeto hebreo, en la forma de la cola del personaje de la izquierda.

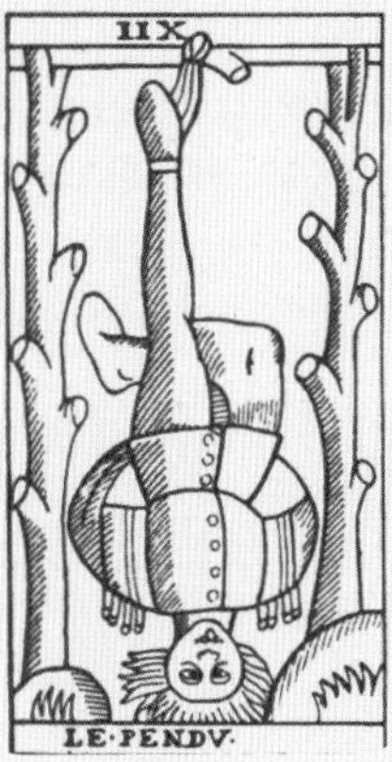

La duodécima letra del alfabeto hebreo, la *Lamed* (ל), recuerda bastante a la forma del colgado de la carta de *Le Pendu*, cuyo número también es 12. Observaremos que en este naipe, perteneciente al Tarot de Rolichon, incluso el número de la carta está invertido.

También podemos adivinar la letra *Mem* (מ), la décimotercera letra del alfabeto hebreo, en la forma que componen la pierna izquierda, el brazo derecho y la guadaña que aparecen en esta carta.

También se ha visto en los brazos de La Templanza, el arcano n.º XIIII, una alusión a la letra *Nun* (נ), la decimocuarta letra del alfabeto hebreo.

En el arcano del Diablo, el número XV, se adivina la forma de la letra *Samej* (ס), la decimoquinta del alfabeto hebreo, en las dos cuerdas que atan a los personajes al yunque. Por otra parte, *Sadan* (סדן) en hebreo es una palabra que recuerda fonéticamente a «Satán», y que comienza por la letra *Samej* (ס), que significa «Yunque».

También en *La Maison-Dieu,* o La Torre, se ha querido ver a una letra hebrea, en este caso la letra *Ayin* (ע), que es la decimosexta letra del alfabeto hebreo, coincidiendo con el número de este arcano, que es el XVI. Fijémonos en la forma de las piernas y el tronco del personaje que aparece a la izquierda.

Con un poco de imaginación también podemos detectar la forma de la letra *Tzadi* (צ), la decimoctava del alfabeto hebreo, en el arcano número XVIII, La Luna. Los dos perros formarían los dos brazos superiores de la letra y el cangrejo la parte inferior.

Pero estas pocas analogías no permiten, al menos para nosotros, hacer corresponder exactamente las veintidós cartas con las veintidós letras, a pesar de que algunas coinciden sorprendentemente. ¿Qué pasa con las que no coinciden?

El judío errante

0 - El Loco o Le Mat

Los arcanos mayores del Tarot comienzan (o terminan, según algunos autores) con la única carta de todo el mazo que no tiene número. Una curiosidad que encierra varias enseñanzas. «Todo empieza en el cero, en la nada, y todo acaba en este mismo cero, en esta misma nada», parece decirnos haciéndose eco del libro del Eclesiastés (I-2) que sostiene que «todo es vanidad». Uno de los principales sentidos cartománticos de este naipe es, precisamente, «vanidad».

Otra enseñanza que nos ofrece esta carta es que el Loco o *le Mat* es alguien que lo ha perdido todo, incluso el número. No tiene un lugar donde residir y ha de ir errando cual vagabundo por la vida. Le han tomado el pelo, lo que en catalán se llama *prendre't el número*, «quitarte el número». Se han burlado de él como los niños se burlan de los bufones y los saltimbanquis. ¿Pero, por qué se inicia el Tarot con *Le Mat* o El Loco? ¿De dónde viene este personaje?

Hay casi tantas opiniones como Tarots distintos. Muchos estudiosos del Tarot se han preguntado a qué o a quién se refiere este «loco» y nos han dado numerosas interpretaciones, algunas de ellas tan «locas» y erráticas como el personaje del mismo naipe. Con todo, con número o sin, este arcano es inseparable del Tarot. En un poema de 1494 aparece la palabra *Taroch* con el significado de «Loco», «Estúpido»; y en otro texto, también de finales del siglo XV, la palabra *Tarochus* significa lo mismo. Probablemente la palabra española «tarugo», que es una «persona de rudo entendimiento» según la Real Academia, tenga la misma etimología. Es sólo una hipótesis, pero el origen de la palabra «Tarot» se lo podríamos deber precisamente a esta carta que, por otra parte, es la que lo inicia. Pero también podemos dirigirnos a la Cábala, que nos arrojará un poco de luz sobre el sentido profundo de la locura.

Jacobi Bornitii Emblemata Ethico-Politica *(1669)*

«Loco» es, nos enseñan los cabalistas,[2] aquel que «pierde lo que le ha sido dado». Es ésta una definición que a primera vista puede parecer un tanto pobre o inaudita, pero que irá ganando significado a medida que profundicemos en el simbolismo de este naipe. De lo que no cabe la menor duda es que el Loco ha perdido algo muy concreto: la razón.

El primer «loco», arquetipo de todos los locos que en este mundo han sido, fue sin duda el buen Adán,[3] que perdió el paraíso que le había sido dado. Pero también hemos de pensar por extensión que locos somos todos los humanos que perdemos nuestra vida, idea que, como veremos más adelante, se encuentra ya en Cicerón. Adán «pecó», y nos enseña la Cábala que «nadie peca si no es poseído por un espíritu de locura».[4] Al loco le falta «cordura», palabra relacionada etimológicamente con *cor-cordis*, «corazón». Muchos locos quizá habrán ganado el mundo, pero han perdido el corazón. Por eso el sabio libro del Eclesiastés (X-3) nos enseña que: «Por cualquier camino que el necio vaya, le falta cordura y todos dicen: "es un loco"».

Por esta razón todos se ríen de él. En el Talmud se enseña que «todos los tipos de burla están prohibidos»[5], con excepción de la burla de la idolatría, y «aquel que se entrega a la burla, conocerá pruebas».[6] Nuestro Loco es un bufón que se burla de la gente y, como resultado, la gente se burla de él. Su vida está llena de pruebas y vicisitudes.

---

2. Según el Talmud (*Jaguigah 4 a*), «loco es aquel que pierde las cosas que le dan».
3. Concretamente el Adán de después de la caída, el Adán exiliado.
4. Esta idea aparece en el Talmud, en el tratado de *Sotah* (3 a).
5. Véase tratado de *Sanhedrín* (63 b).
6. Véase *Avodah Zará* (18 b). No se trata de «pruebas» en el sentido de ensayos o demostraciones, sino en el de dificultades que lo pondrán a prueba.

Jacob Cats, Emblemata *(1618)*

Tarot de Carlos VI

En muchas representaciones de locos y bufones nos los encontramos rodeados de niños que se burlan de ellos o que les gastan bromas. Particularmente expresivo es el Loco que aparece en el Tarot de Carlos VI. Lo vemos encantado con sus cascabeles de oro vulgar. En este caso no aparece ninguna bestia mordiéndole el trasero como en las barajas tradicionales, sino unos niños que se burlan de él y le arrojan piedras a sus partes bajas, su punto débil. Sus orejas recuerdan mucho a las de un asno, animal que simboliza tanto el sexo animal como la tontería.

El Loco está en camino, ciertamente, pero en un camino fuera de los números, en un camino profano. El Zohar (I-58b) comenta la cita de Eclesiastés que hemos hecho explicando que antes de emprender el camino hacia el Santo, bendito sea, el hombre debe pedir consejo a Dios y rezarle para que su viaje llegue a buen puerto. Nuestro Loco no lo ha hecho. Con todo, precisemos que el texto bíblico no dice exactamente «cordura», sino «corazón». Lev (לֵב), el «corazón», también según el Zohar (I-58b) es el Santo, bendito sea. El punto de partida y la meta coinciden.

En resumen: nuestro Loco carece de corazón, *lev* (לֵב), le falta contacto con su alma, con su interioridad, y emprende un camino sin pedir consejo ni a Dios ni a su propia alma. Volveremos sobre este tema cuando comentemos la carta de La Luna. Por esta razón es un camino profano, un camino desviado.

El Loco es ese Adán que pierde el paraíso, pero también Esaú que cambia su primogenitura por un miserable plato de lentejas. Renuncia al mundo venidero por los bienes de este mundo. Cuando el Loco, que vemos en el grabado siguiente de *La nave de los locos* de Sebastian Brant, compara los bienes de este mundo con el mundo venidero, el fiel de su balanza es bien claro: se inclina por los primeros. Nos lo está indicando con la mano.

Sebastian Brant, La nave de los locos *(1498)*

Para él pesan más los bienes de este mundo que los bienes celestiales. Ya en un antiguo grabado de Georgette de Montenay veíamos cómo el Loco abandona las Tablas de la Ley en el camino para cargar con el mundo a sus espaldas.

Georgette de Montenay/Anna Roemer Visscher, Cent emblemes chrestiens *(c. 1615)*

❖ *Le Mat, Matto, Matou*

No se sabe con certeza de dónde procede la palabra *mat,* que da su nombre a este arcano. Para algunos autores procedería del persa y significaría «muerte», para otros vendría de la palabra italiana *matto,* «loco». Mas para otros, tendríamos que ver su origen en el *mat* que en francés antiguo significaba «agotado», «cansado», «extenuado». En provenzal, *mat* significa «triste», «abatido».

Para algunos eruditos, este término procedería del *mataios* griego: «tonto», «imbécil». En realidad, todos estos sentidos no se contradicen, sino que se complementan.

Le Mat, el Loco, camina, pues, triste y, sobre todo, solo,[7] dubitativo y atontado, sin rumbo fijo, acosado por una bestia que le muerde el trasero.

En muchos Tarots el suelo de este naipe es amarillo y accidentado, y vemos en él cuatro matas o matorrales de hierba.

Le Mat está loco, pero no tiene un lugar (en latín *locus*) a donde ir. Está loco, pero no tiene a nadie con quien compartir sus chifladuras. Es un chiflado (de *sifilare*, «silbar») que anda silbando por el camino mientras suenan sus cascabeles. Y cuando hablamos de «cascabel», hablamos de gato.

En francés a un gato macho se le llama *matou.* También en francés antiguo la palabra *matise,* con una sola «s», a diferencia del apellido del famoso pintor, significaba «vergüenza», «confusión». El Loco es un hombre confundido y avergonzado; es también un hombre que no fluye, que está como coagulado. *Maton*, también en francés antiguo significaba «coágulo».

7. Y, como dice la *Torah*: «No es bueno que el hombre esté solo». (Génesis II-18)

❖ *La bestia, ¿perro o gato?*

La bestia que aparece junto a nuestro Loco, que en la mayoría de Tarots marselleses se parece bastante a un gato, un *matou,* bien podría ser un perro.[8] En los Tarots de Madénié, Héri o Conver, se trata claramente de un gato, mientras que en el Soprafino, de 1835, es claramente un perro. ¿Cómo puede ser que lo que en la mayoría de Tarots del siglo XVII aparece como un gato en uno del XIX se haya convertido en un perro? La explicación quizá debamos buscarla en que el autor del Tarot Soprafino se inspiró más en el también italiano Tarot de Mantegna que en los Tarots franceses o alemanes. Pero no faltan los grabados medievales en los que podemos ver a un perro mordiendo a nuestro Loco. En el libro de los Salmos (XXII-29) podemos leer: «Libra de la espada mi alma, del poder del perro mi vida».

Tarot Soprafino (1835)

Por otra parte, en las *Cronecken der Sassen Mainz* (1492), las *Crónicas de Sajonia*, de Konrad Botho, este animal no se contenta con mordisquearle por detrás, sino que se le sube literalmente encima.

Con todo, este curioso grabado bien podría tener otra interpretación, esta vez positiva. El gato, que representa a la fuerza sexual, la fuerza vital, ha ido ascendiendo por la columna hasta llegar a la cima. La rectitud del bastón de nuestro Loco y las llamas que están encima de este bastón indicarían que se ha producido lo que en el tantrismo se conoce como «la ascensión de kundalini».

Por otra parte, el camino suele ser un símbolo de la columna vertebral y el animal que muerde al Loco en el lugar en que ésta pierde su honroso nombre, quizá lo esté reconduciendo al camino como hace el perro pastor con las ovejas. Desde este punto de vista el papel de la bestia deja de ser negativo. Es providencial.

8. Curiosamente en hebreo «perro» se dice *kelev* (כלב) que podemos leer como *ke lev* (כלב), «como el corazón», alusión a las dos fuerzas que mueven el corazón humano, una hacia el bien y otra hacia el mal.

Cronecken der Sassen Mainz (1492)

La relación entre *chat*, «gato» y *chastier*, «castigar», en francés antiguo, es obvia, pero no lo es tanto con *chastifier*, «hacer casto», o *chastrure*, «castración»[9] El gato persigue al Loco para castrarlo, para apoderarse de sus partes, lo cual recuerda sorprendentemente a la leyenda del castor.

De los numerosos detalles que podemos apreciar en esta carta en varias de sus variantes, sobre todo las más antiguas, por ejemplo en el Tarot de Héri, hay uno que, hasta donde hemos podido averiguar, ha escapado a todos los comentaristas: el cascabel perdido. Nuestro Loco, que parece estar huyendo mientras un gato le muerde el trasero, acaba de perder uno de los cascabeles que tenía. En esto recuerda de nuevo al castor que, para los antiguos, se castraba a sí mismo y dejaba sus gónadas por el camino pues sabía que era lo que buscaban los cazadores y así, al menos, salvaba la vida. Como podemos leer en el *Quijote* (Cap. XXI):

> ...el castor, el cual, viéndose acosado de los cazadores, se taraza y harpa con los dientes aquello por lo que él por distinto natural sabe que es perseguido.

Curioso el verbo empleado por Cervantes: «tarazar». Tarazar o, lo que es lo mismo, «atarazar», que proviene de «tarazón», palabra que según Covarrubias significa «trozo». El castor corta un trozo de sí mismo para salvar la vida.

---

9. Véase *Dictionnaire de l'ancienne langue française et de tous ses dialectes du IXe*... Godefroy, Frédéric (1826-1897).

El cascabel es un símbolo clásico de la locura. Y es que, como sostienen los ascetas y los místicos, el sexo vuelve locos a los hombres. De ahí viene la expresión francesa de *attacher le grelot*, que significa hacer algo delicado que casi nadie quiere hacer, algo que sería una locura hacer. En castellano existe una expresión más conforme a nuestra carta: «¿Quién atará el cascabel al gato?». Por lo que vemos nuestro personaje no lo ha conseguido y el cascabel se pierde por el camino.

Covarrubias en su *Tesoro de la lengua castellana o española* (1611), nos dice: «Aquel que tiene poco juicio y es liviano y habladorcillo, decimos "ser un cascabel", por ser hueco y vacío en su hablar».

Tarot de Héri (1718)

Más adelante veremos qué simboliza el gato. Adelantemos únicamente que poner el cascabel al gato equivale a la idea budista de «cabalgar el tigre»: algo sumamente peligroso. Esta expresión procedería de la famosa fábula de los ratones de Esopo, en la que estos proponían poner un cascabel al gato para saber cuándo se acercaba y tener así tiempo de huir. La idea es excelente pero peligrosa.

Este cascabel que podemos apreciar con toda claridad en los Tarots de Madénié (1709), Jean Héri (1718) o incluso en de Rochus Schär (1750), ya no aparecerá en muchos de los posteriores, por ejemplo, el de Nicolás Conver (1760). En el Tarot de Marsella más popular, el de Paul Marteau (1930), no hay ni huella de él. El Tarot remodelado de Camoin-Jodorowsky lo recupera, pero se parece más a una piedra que a un cascabel.

En un naipe de una baraja morisca que reproducimos a continuación, ya aparecía una carta que bien podría corresponder a nuestro Loco, en la que también podemos apreciar con claridad el cascabel y el gato.

Tarot de François Héri
(1718)

Tarot de Nicolás Conver
(1760)

Tarot de Rochus Schär
(1750)

No se aprecia muy bien si es un gato, un perro u otro animal, pero en cualquier caso está estratégicamente situado entre las piernas del personaje. El cascabel no está en el suelo, sino en el cielo y de algún modo nos recuerda a la Luna, que el Loco está señalando con el dedo, recordándonos el antiguo aforismo que afirma que cuando el sabio señala la Luna, el necio mira el dedo. Pero el dedo y la Luna pertenecen a dos mundos diferentes, a dos paradigmas distintos, a dos realidades distintas. Nuestro necio, nuestro Loco, ni siquiera mira al dedo…

Si asociamos este arcano con el sueño de Jacob, apoyándonos en el grabado de la pág. 32, podemos decir que el ángel que pelea con él le intenta arrebatar el cascabel. Vemos aquí que aparecen al mismo tiempo el perro y el gato. Al final Jacob vencerá al ángel al despuntar el alba, lo que parece estar a punto de ocurrir en el grabado. ¿Cómo lo consigue? Otro proverbio nos los revelará: porque está arrimado al «buen árbol».

Baraja Morisca

También se ha relacionado la carta de *Le Mat* o El Loco con Amalek (עמלק),[10] hijo de Elifaz y nieto de Esaú, que persiguió al pueblo judío tras su salida de Egipto. El papel de Amalek es a todas luces negativo, pero podemos ver también su lado positivo si somos conscientes de que nos está indicando una dirección, un lugar: *Refidim*.

En el libro del Éxodo XVII-8 podemos leer: «Vino Amalek y atacó a Israel en Refidim...».

Rashi, el intérprete clásico de la *Torah*, comenta este pasaje con las siguientes palabras: «Vendrá un perro y os morderá. Gritaréis hacia mí y sabréis dónde estoy».

Curiosamente, la palabra *Amaleki* (עמלקי) significa «perro de caza», y en algunos diccionarios se traduce *Amalek* (עמלק) como «perro perdiguero», por esta razón es lícito pensar que el animal que persigue a *le Mat*, al Loco, es un perro y no un gato como aparece en la mayoría de Tarots, aunque tampoco está desprovisto de sentido que sea un gato. En realidad, gato o perro simbolizan lo mismo: la bestia.

Refidim es un plural dual, como *shamaim*, «cielos», que además se puede escribir de dos maneras, con una sola *Iod* (רפידם) o con dos *Iod* (רפידים). Hay, pues, dos *Refidim,* como hay dos generaciones: la de este mundo y la del mundo por venir.[11] *Refidim* (רפידים) procede de la raíz *rafeh*, «débil», «flojo», «endeble». Como ocurrió con el pueblo de Israel, el Loco del Tarot fue atacado en su punto débil.

10. Idea que nos fue comunicada personalmente por un gran conocedor del Tarot, el barón Emmanuel d'Hooghvorst.

11. Como vemos también en la palabra *Vaiitzer,* que aparece en el libro del Génesis y que los comentaristas asocian a las dos generaciones.

Refidim (רפידים), como plural dual, ¿no se referirá también a los «cascabeles» que sacrifica el castor para salvar su vida?

Minchiate florentinos

Eberhard Kieser, *Icones Mortis Sexaginta Imaginibus, 1648*

La raíz hebraica MT (מת) que encontramos en *Le Mat* evoca precisamente la idea de «muerte».[12] *Met* (מת) significa «muerto», «fallecido». Y *Mavet* (מות), «muerte». La letra *Mem* (מ), inicial de *Mavet* (מות), es además la decimotercera letra del alfabeto. Sin duda por eso la carta n.º XIII del Tarot es precisamente LA MUERTE.

El perro que persigue a *le Mat* está haciendo lo mismo que haría un perro pastor con las ovejas: lo está conduciendo al *mat*adero.

Lo que simboliza el perro coincide con lo que en el judaísmo se conoce como «la Mala Inclinación», que «quiere literalmente volver al hombre loco»,[13] y que también se relaciona con el número 13, ya que se considera que los niños no están bajo su dominio hasta que cumplen 13 años. En-

12. Podemos relacionar con esta raíz palabras como «matar», «mutismo», etc.

13. Rabbí Najman de Breslev, *Likoutei Moharan* I-5.

tonces se les hace lo que se conoce como *Bar Mitzvah*, un verdadero rito de paso que los introducirá en el mundo de los adultos.

Dos son los números que tradicionalmente se relacionan con la muerte, el 13, por corresponder a la inicial de *Mavet* (מות), «muerte», y el 8, que en astrología corresponde a la Casa VIII, la Casa que rige la sexualidad y la muerte. Curiosamente las dos ceremonias más importantes por la que pasa un niño judío tienen lugar una a los 8 días de su nacimiento[14] y la otra cuando cumple los 13 años. Ambas ceremonias tienen que ver con la Mala Inclinación y con la sexualidad.[15] No deja de ser curioso que la suma de 8 y 13 nos da 21, el número de arcanos mayores numerados del Tarot.

❖ Miserable y desgraciado

Tarot de Mantegna

Es interesante señalar que en el Tarot de Mantegna el naipe que corresponde a *Le Mat* recibe el nombre de *Misero*. «Mísero» significa clara y llanamente «miserable», «desgraciado».[16] Es el hombre que carece de la Gracia, de la Bendición. Covarrubias, en su *Tesoro de la lengua castellana o española* (1611), define al miserable como el «desdichado» o el «avariento», ya que ambos «pasan miseria», uno por necesidad y otro por voluntad. Observemos que en este Tarot del siglo xv, anterior por lo tanto a todos los Tarots de Marsella que conocemos, tenemos a dos perros en vez de a un gato. El Mísero del Tarot de Mantegna también se apoya en un bastón seco: la moralidad marchita y desecadora. Para los cabalistas, el bastón seco representa a los legalismos y los preceptos secos que vienen a suplantar o a sustituir a la *Torah* cuando ésta se ha perdido.

14. Se trata de la *Brit Milah*, o «Circuncisión».

15. La circuncisión sirve para quitar el prepucio que, simbólicamente, se relaciona con una sexualidad bestial, y el *Bar Mitsvah* con el despertar del instinto sexual en el adolescente.

16. *Miser*, en latín significa «mísero», «miserable», «desgraciado», nos informa Santiago Segura Murguía en su *Diccionario etimológico latino-español*, Ed. Anaya, Madrid, 1985.

❖ Otros nombres de Le Mat, *El Loco*

El Loco o *Le Mat* corresponde al comodín de los juegos de cartas corrientes, denominado *The Joker*. También corresponde al hombre carnal, peludo, caído. En Hispanoamérica al *Joker* se le conoce como *El Guasón*, palabra que deriva de «guasa», que significa «falta de gracia». La palabra *Joker* procedería del alemán, pero no deja de ser curiosa su proximidad fonética con *Joke*, «broma», «chiste», que es lo que hacían precisamente los bufones.

Ilustración alemana (1455)

Tarot de Vieville (1650)

Otro de los nombres de esta carta es *Le Fol*. *Fol*, en catalán «foll», quiere decir «loco», «demente», y procede del latín *follis*, que significa «fuelle», pero también «bolsa». Quizá por eso la mayoría de los «locos» del Tarot carguen con una bolsa, e incluso en el Tarot de Sola-Busca (anterior al Tarot de Marsella) nuestro personaje esté tocando una gaita por medio de un fuelle.

Como afirma el dicho que citamos al principio de este capítulo, al Loco «le han tomado el número», en el sentido que se lo han quitado. Por eso no tiene número y está excluido de la creación. Toda su búsqueda podría resumirse en una sola cosa: la búsqueda de un número que le dé sentido. Pero un número, en hebreo un *Sifre* (ספרה), es como un libro, un *Sefer* (ספר), bendecido por la letra *He* (ה), conocida por los cabalistas como la letra de la Bendición. Sin embargo, vemos muy claramente en la carta que el Loco no tiene ningún libro, como ocurrirá con otros arcanos. Por eso es un necio, por eso no sabe.

Por otra parte, en el Tarot de Vieville (1650), un Tarot bastante antiguo que contiene más de una diferencia con los demás, no tiene ni nombre ni número. Resulta interesante observar que en el bastón con el que sujeta el hatillo aparece una pequeña cabeza.

Como también se dice en catalán a propósito de alguien que enloquece: *S'ha begut l'enteniment*, «se ha bebido el entendimiento». El Loco no sólo bebe, sino que también devora al hombre cuerdo, y lo hace delante de esa torre que reencontraremos en el arcano n.º XVI.

Este mísero avaricioso aparece también en uno de los grabados más interesantes de Hans Holbein el joven, *la Muerte y el Mísero* (1523). En él podemos apreciar cómo la Muerte acaba llevándose las monedas de oro que el avaricioso, que grita indignado, ha ido acumulando a lo largo de toda su vida. En otro de sus grabados que con el anterior forman la serie conocida como *La Danza de la Muerte*, vemos a otro personaje, esta vez un vendedor ambulante cargado, como nuestro *Mat*, de un pesado fardo, al que también persigue la Muerte. En él también aparece un perro. Diríase que la Muerte quiere invitar al Loco a bailar con ella.

En sus famosas *Etimologías*, Isidoro de Sevilla nos apunta un interesante origen para Mísero: «*Miser* (infeliz) propiamente porque ha perdido (*amiserit*) toda la felicidad». En cambio, según Cicerón, su sentido apropiado es el de «muerto»: en las *Tusculanas* llama «míseros» a los muertos porque han perdido (*amiserunt*) la vida.[17]

Hans Holbein, *la danza de la Muerte*

Tarot de Jean Noblet (1650)

Vemos, pues, cómo coinciden perfectamente la idea talmúdica del Loco que «pierde lo que le ha sido dado» y el Mísero, «que ha perdido toda felicidad».

Como hemos señalado, en la carta del Mísero también aparece el perro, pero en este caso no le alcanza al trasero de nuestro desgraciado personaje, sino únicamente la pantorrilla, cercana al «punto débil» o talón de Aquiles.

Se trata de una versión extremadamente púdica del misterio.[18] La carta del Mísero es quizá más evocadora que su correspondiente del Tarot de Marsella pues nos muestra dos perros: el que está mordiendo al personaje y otro, mucho más pequeño, que le está ladrando como si quisiera llevarlo por el buen camino. Estos dos perros corresponden a los dos pasto-

17. Véase San Isidoro de Sevilla, *Etimologías* X-173. Traducción de José Oroz Reta. Ed. BAC, vol. I, pág. 833, Madrid, 1982.

18. El Tarot de Jean Noblet es mucho menos púdico: nos muestra con detalle los órganos sexuales de *Le Fov*, equivalente al Mísero.

res, el buen pastor y el mal pastor, la Buena Inclinación y la Mala Inclinación. Envuelto en su estola[19] y apoyándose en un bastón, está de espaldas a una pared que se está desmoronando: se trata de su propia alma, del *kotel* (כתל), el lugar hacia el cual ha de dirigir sus oraciones. También podemos ver aquí una alusión al templo, que ha sido destruido.

Los dos perros, pues, son las dos inclinaciones, la Buena Inclinación y la Mala Inclinación, y ambos señalan pudorosamente un lugar muy preciso: la pantorrilla.[20]

Los árboles y la vara en la que se sostiene el Mísero están, como él, completamente secos: les falta la gracia, algo que los cabalistas relacionan con la *Torah* y con el agua. Es la fuerza purificadora, la vitalidad que el Mísero ha perdido: no le queda ni un cabello en su cabeza.

Danza macabra entre el Loco y la Muerte (Louis-Catherine Silvestre, 1858)

En la simbología bíblica podemos ver a *le Mat*, el Loco o al Mísero representados por Esaú, el abuelo de Amalek, que «pierde lo que le ha sido dado»:[21] la primogenitura. Esaú le dice a su hermano Jacob: «Si al fin terminaré muriendo, ¿de qué me sirve la primogenitura?». Ésta última no se limita al hecho de haber nacido primero, como ocurre, por ejemplo, en Catalunya con la figura del *hereu*. *Bejor* (בכור), el primogénito, alude también a las *bekorim* (בכורים), las primicias.

Esaú es el hombre peludo, «de carne y de sangre», que no entiende los misterios de la *Torah*, tampoco le interesan. Es lo contrario de Jacob. Recordemos que el Tarot es al mismo tiempo un «juego» y una «joya», ambas palabras derivadas de

19. Podemos relacionar *stola*, «capa», con *stolidus*, «tonto», de donde procederá el alemán *stolz*: «orgullo».

20. Observemos que el perro pequeño, el que se refiere a la «Buena Inclinación» se está rascando su propia pantorrilla. Esta pantorrilla alude al mismo misterio que la pierna en la que Jacob fue herido por el ángel.

21. Según el Talmud (*Jaguigah 4a*), «loco es aquel que pierde las cosas que le dan».

iocus, término que procede de un antiguo verbo que significa «decir» y que la Cábala fonética o Lenguaje de los Pájaros no dejará de relacionar con Jacob.

Tarot de Rosenwald (s. XV)

En contraposición a *Le Mat* tenemos al arcano siguiente, *Le Bateleur*, El Mago, que podemos asociar con la figura del *juglar*, palabra en la que encontramos la misma raíz *ioc*. Veremos que *Le Bateleur* también puede relacionarse con Jacob, después de su experiencia en *Betel*.[22] También podemos leer *Mat* (מת) como lo contrario de *Tam* (תם), «íntegro», adjetivo que la *Torah* relaciona con Jacob, al que llama «hombre íntegro» (איש תם) que «habita en tiendas».[23]

Por otra parte, si tomamos las letras de *Le Bateleur*, la carta siguiente, y alteramos su orden, obtenemos *Le Bleuâtre*, «El Azulado». Se trata de uno de los nombres de Jacob. Y es que probablemente *Mat* y *Bateleur*, Loco y Mago, sean en el fondo el mismo personaje. En uno de los Tarots más antiguos que se conocen, el Tarot de Rosenwald, el personaje del arcano número I, el Mago, es el mismo que el del Loco.

En los grabados siguientes, de Baccio Baldini (1465), podemos ver al Mago con los atributos del Loco, incluso con el animal que le está mordiendo las partes bajas.

Baccio Baldini (1465)

22. De nuevo por Cábala fonética, *Bateleur* y *Betel* estarían relacionados.

23. *Le Mat*, sin embargo, vive al aire libre, errante y solitario.

También podríamos traducir *Le Mat* como «El Mate», en el sentido de un sonido mate, apagado, pálido, deslucido. Este nombre bien podría deberse a la vara que le ayuda a caminar. Ésta es como una palabra apagada, muda, incapaz de decir la Buena Aventura, el Mundo por venir. Según el Zohar (I-27 a) la vara de Moisés, llamada *Mateh* (מטה) corresponde al ángel Metatrón. Por una parte, simboliza la vida, y por otra la muerte. Cuando está en estado de «vara» es «una ayuda», haciendo alusión a Génesis II-18, pero cuando toma la forma de serpiente simboliza a la Mala Inclinación y es más bien un obstáculo, un Satán.

En los diccionarios de francés antiguo, *mat* significa «vencido», «abatido». Se relaciona con la muerte. En el *Roman de Renart* (s. XIII) aparece la expresión *mat de fain,* «muerto de hambre». De *mat* derivará *matassin*, «bufón danzarín».

Bufón, La petite boîte à l'esprit *(1817)*

Un poema de Chrétien de Troyes canta:

> *Se vos volez m'amor avoir et de rien nule m'avez chiere, pansez de tost venir arriere a tot le moins jusqu'a un an huit jorz aprés la Saint Johan c'ui an cest jor sont les huitaves. De m'amor soiez maz et haves, se vos n'iestes jusqu'a ce jor ceanz avoec moi au retor.*

En este caso el *Mat, maz,* es el que ha sido excluido del amor de su dama. Por eso está solo.

Vimos que el Loco, *le Mat* o el Mísero se apoyan en un bastón seco. Curiosamente en el caso del Mísero el bastón parece prolongarse con la cabeza del personaje. En el del Tarot de Jean Noblet ya pudimos apreciar que el pomo del bastón era precisamente una cabeza, como en muchas representaciones de los bufones. En ambos casos nos hallamos ante la idea tradicional de que el bastón es una alusión a la columna vertebral. En el caso del Mísero está apoyándose exactamen-

La Nave de los locos (1498)

te al lado del perro pequeño que simboliza la Buena Inclinación. En *La Nave de los locos* de Sebastian Brandt (1498) también aparecía un personaje que recuerda a nuestro loco con un bastón cuya empuñadura era una cabeza.

Otra característica del Loco o *le Mat* es que es mudo: carece del divino don de la Palabra. Podemos relacionar *Matos*, «mate», «marchito», con *Mutos*, «mudo», porque «ha separado la voz de la palabra» (Zohar I-36 a). No puede rezar, no puede gritar «socorro», sólo puede huir sin rumbo con el trasero castigado por la bestia enfurecida.

Un ingenioso juego de palabras en francés nos dice que está *foutu*, o sea «acabado». Pero hay que leerlo como *fou tu*, «loco callado».

Tarot italiano
(1500)

Tarot de Sola-Busca
(s. XV)

Ya hemos visto que nuestro Loco camina desesperadamente, al *tuntún*,[24] expresión catalana que significa «a lo loco», sin saber muy bien adónde va. Su desesperación se debe principalmente a dos cosas: el pesado fardo que transporta sobre sus hombros, y el animal que le muerde el trasero.

Es un ignorante, un necio, de *no scio*, «no sé». Está *extraviado*, se salió del camino, en latín *via*, «delirando», es decir, fuera de la *lira*, el surco recto que el buen agricultor traza cuando labra.

En el Tarot con arcanos mayores y menores más antiguo que hasta la fecha conozcamos, el llamado Tarot de Sola-Busca (hacia 1490), este arcano aparece en él con el número 0 y el nombre de MATO, tocando una especie de gaita.

Aparte de la gaita, también podemos destacar en este naipe a un cuervo, símbolo de la muerte, que parece querer picarle en el ojo, los cascabeles y un árbol seco. Ya hemos visto qué simbolizan los cascabeles. El árbol seco corresponde al bastón seco sobre el que se apoya *le Mat*.

Xilografía alemana (1770)

En *La Nave de los Locos* (1494) del alsaciano Sebastian Brandt ya veíamos a un bufón como nuestro Loco perseguido por el diablo que le «sopla» con un fuelle. Es la iniciación del *souffleur*, el buscador del oro vulgar, lo que Guénon calificaría

24. O sea, sin reflexionar. De nuevo nos encontramos aquí con la letra T de *Mat*.

Sebastian Brandt
La Nave de los Locos *(1494)*

de «contrainiciación». En muchísimas representaciones veremos a nuestro Loco con un fuelle o una gaita. Señalemos que en la litografía alemana adjunta el perro no está mordiendo al Loco, que se resguarda encima de una mesa, sino que está distraído con los huesos que los comensales arrojan al suelo.

Hasta donde hemos podido comprobar, el Loco sólo recibe el nombre de *le Mat* a partir del siglo XVIII y durante el siglo XIX. En Tarots anteriores era *Le Fol*, *Le Fou*, *Il Matto* o incluso *Il Misero*. Veamos, por ejemplo, el Tarot de Jean Dodal, el de Giacomo Zoni o el de Guillaume Man.

Tarot de Jean Dodal (1701)

Tarot de Giacomo Zoni (1780)

Tarot de Guillaume Mann (1781)

El *souffleur*, el soplador, era el alquimista errado (como errante está nuestro Loco), que intentaba transmutar plomo en oro. Si consideramos a la carta siguiente, Le *Bateleur* o El Mago, como una evocación del adepto, el *souffleur* es todo lo contrario. ¿Hacia dónde se dirige este personaje, el Loco o el *souffleur*? Podemos verlo en la parte inferior derecha del grabado del *Meister des Haintz-Narr*:[25] hacia la tumba. Para llevarlo hacia ella el diablo no sólo le sopla con el fuelle: en la tumba están las monedas del oro vulgar que busca el *souffleur*. Louis Cattiaux habla de los *souffleurs* como «sacerdotes de la ciencia del maldito que tiene al mundo entre sus garras».[26] En este grabado destacan las garras del demonio.

Meister des Haintz-Narr (1494)

En el Tarot de Pierre Madenié (Dijon, 1709) este naipe aparece con la denominación de *Le Mat*. Dado que en otros Tarots se lo conoce como *Le Fol*, probablemente nos encontremos aquí ante una traducción literal del *Mato* o *Il Matto* italiano, pero sin duda hay mucho más. En el Tarot de Stefano Vergnano (1835), el Loco se distrae con una mariposa, símbolo por excelencia de lo efímero. El Diablo, la Mala Inclinación, tienen una función muy precisa: distraernos de lo esencial.

El personaje que aparece en este arcano nos muestra a alguien que está de viaje. Lo vemos cargado con un hatillo atado a un bastón que algunas veces recuerda a un hueso, otras, como en el Tarot de Madenié, a un cucharón. De hecho, nuestro transitar por esta vida es un viaje, pero se puede viajar profanamente, haciendo «turismo», palabra que procede de una raíz que significa «dar vueltas», o se puede viajar filosóficamente.

El Tarot nos enseña a viajar filosófica o cabalísticamente. Nuestro personaje es un miedoso, pero desconoce el único miedo que hay que conocer: el «temor de Dios», *Irat haShem*, pues, como podemos leer en Proverbios (I-7): «El principio de la Sabiduría es el temor del Eterno, y son necios los que desprecian la sabiduría y la disciplina».

Cuando vemos por dónde está atacando el gato, o la bestia que sea, al Loco, no nos quedan muchas dudas de a qué parte de la anatomía del hombre corresponde. Como escribe el discreto autor de *La Vérité*,[27] un curioso texto anónimo publicado en París en el año 1775:

25. *Narr* significa «tonto», «loco».

26. Véase *El Mensaje Reencontrado*, editorial Sirio, pág. 391, Málaga, 2008.

27. *La Vérité, les mystères du cristianisme approfondis radicalment et reconnus physiquement vrais*. Londres, (sic) MDCCLXXV.

> Es necesario que el mástil (*le mat*) de nuestra nave sea colocado por su Unción salutífera en un estado que nuestros Padres han denominado «Estado de Gracia».

¡Eso sí que es utilizar filosóficamente nuestro mástil!

El Loco o *le Mat* camina triste y solo,[28] dubitativo, sin rumbo fijo, acosado por una bestia que le muerde el trasero, el fundamento, el lugar más despreciado del cuerpo, pero paradójicamente aquel donde alberga la posibilidad de generar vida. Esta bestia, que en la mayoría de Tarots se parece bastante a un gato (señalemos el parecido entre *chat* y *mat*), también podría ser, como ya vimos, un perro.

Como si aludiera a Amalek, que corresponde a Satán, escribe Louis Cattiaux:

> Satán nos reconduce hacia Dios sin saberlo a puntapiés en el trasero y es por esto por lo que incluso desgarrados y volteados en el barro debemos volvernos con confianza hacia el Señor de perdón…

Cattiaux utiliza aquí una palabra cuyo sentido primigenio ninguna traducción de las que conocemos ha sabido expresar correctamente:[29] *culbuté. Culbutés* no es exactamente «volteados». El *Dictionnaire du Moyen Français*, que define palabras empleadas entre el siglo XIV y el siglo XVI, cita a Guillaume Coquillard que define la *culbute* como «miembro viril» y también como «acto sexual». Más claro, el agua.

❖ Le Mat *y la Muerte*

La raíz hebraica MT (מת) que encontramos en *Le Mat* evoca precisamente la idea de «muerte», como ya hemos señalado.[30] En su *Historia del Tarot*, una verdadera enciclopedia que no nos cansaremos de recomendar, Isabelle Nadolny sostiene que «la palabra "mat" proviene del árabe *māt*, que significa "muerte" y se refiere al rey del ajedrez que ya no puede dejar su lugar sin ser tomado, según la famosa fórmula "jaque mate"».[31]

Volviendo a la ilustración que encabeza este capítulo, diremos que también hay quien ha relacionado a nuestro Loco con el famoso «judío errante» de una leyenda del siglo XVI, que de alguna manera corresponde a Caín reconvertido y cristianizado.

---

28. Y, como dice la *Torah*, «no es bueno que el hombre esté solo». (Génesis II-18)
29. La traducción castellana habla de *volteados* y la catalana de *revolcats*, de donde vendrá «revolcón».
30. Podemos relacionar con esta raíz palabras como «matar», «mutismo», «mitad», «matón», «mutilar», etc.
31. Véase Isabelle Nadolny, *Historia del Tarot*, pág. 182, Ediciones Obelisco, Rubí, 2020.

De Sphaera *(manuscrito italiano 1460 – 1470)*

I - El Mago o Le Bateleur

El arcano número I del Tarot de Marsella que, de algún modo, es la carta que *abre* el libro mudo del Tarot, recibe el curioso nombre de *Le Bateleur*. Esta palabra puede entenderse de varios modos. En los diccionarios de la época,[32] *Bateleur* significaba «hacedor de juegos de manos», o sea «prestidigitador». Los *bateleurs* eran saltimbanquis o bufones, pero, como ya señalamos en nuestro libro *Los Templarios y el Tarot*,[33] recurriendo al Lenguaje de los Pájaros, podemos entender a *le Bateleur* como *le Beteleur*, o sea el hacedor de *beteles* o *betilos*: la Piedra de los Sabios. De alguna manera *le Mat* y *le Bateleur* podrían ser lo mismo en dos contextos distintos.

La primera representación de un *Bateleur* que hayamos podido encontrar procede de un libro hebreo, el *Mashal haKadmoni*, de Isaac ben Sahula.

Mashal haKadmoni *(1491)*

Si leemos el nombre de nuestro arcano al revés, tenemos Rue Letabel, calle Letabel. En hebreo, la expresión *tebel* significa «mundo», «universo», lo cual aludiría a la última carta del Tarot, el arcano n.º XXI.

---

32. Por ejemplo, en el *Thrésor de la langue françoyse* (1606) de Nicot.

33. Véase Julio Peradejordi, *Los Templarios y el Tarot*, pág. 97, Ed. Obelisco, Barcelona, 2004, reeditado en 2023.

Atika aparece en el Zohar en numerosas ocasiones, pero tengamos en cuenta el siguiente párrafo del Zohar (I-1b):

En el comienzo… Rabbí Eleazar explicó: «Alzad en lo alto vuestros ojos y ved: ¿Quién ha creado Esto?» (Isaías XL-26) Alzad en lo alto vuestros ojos… ¿Hacia qué lugar? Hacia el lugar hacia el cual se dirigen todos los ojos, es decir a *Petaj Einaim*, el Abridor de Ojos. Al hacerlo conoceréis que es el Anciano Oculto, cuya esencia puede ser buscada pero no encontrada…

El *Bateleur* sería, pues, «El Abridor de Ojos», expresión que no podemos dejar de relacionar con el famoso salmo CXIX-118: «Abre mis ojos para que contemple las maravillas de tu *Torah*».

De alguna manera, como ya vimos, es *Le Bateleur* y no *Le Mat*, El Mago, y no el Loco, quien *abre*[36] el Libro del Tarot.

Tarot de Pierre Madénié (1709)

El verbo *bateler* tiene varios sentidos. «Faire bateler les cloches» es tañer las campanas, tocarlas, y *bateler* también es llevar a alguien en barco. De este modo un *bateleur* es alguien que toca las campanas o alguien que lleva en barco. En cambio, *bastel*, de donde también podría derivar *bateleur*, significa «cubilete», como los que utilizan los trileros. *Bateleur* bien podría proceder de esta palabra. Finalmente, un *basteleur* también es una especie de aguilucho y *basteler* es hacer el bufón. Una *bastelerie* es una broma. *Le Mat*, el Bufón y el *Bateleur* están, como vimos en el capítulo anterior, muy cerca el uno del otro.

Al ir justo detrás del Loco, *le Bateleur* bien podría ser el mismo personaje que ha conseguido ser numerado y así ha entrado en el Tarot. De hecho, son numerosísimas las representaciones del Mago con las mismas características que el Loco. En *La nave de los locos* de Sebastian Brandt nos encontramos con un grabado que ilustra a la perfección esta idea:

36. La idea de «abrir» en la Cábala tiene un sentido esencialmente hermenéutico.

La nave de los locos, de Sebastian Brandt

❖ *El Artesano del Arte sano*

Tarot de Mantegna (1465)

Le Bateleur también podría proceder de lo que en el Tarot de Mantegna (1465) se conoce como *artixan*, aunque esta carta recuerda muchísimo a la homóloga del Tarot Visconti-Sforza.

Artixan significa «artesano». Es el artesano que trabaja sobre la materia bruta. Pero su trabajo no es bruto, sino sutil, ya que lo realiza sobre un pequeño yunque.[37] Dispone de un fuelle, pero no lo utiliza: no es un soplador, un *souffleur*. Por esta razón no utiliza el fuego profano y violento, que queda relegado a cocer el pan. La mesa sobre la que trabaja es la famosa Piedra Cúbica, y sus utensilios son compases y pequeños martillos.

¿Cuál es su arte? Sabemos que es un arte-sano, de *ars*, que según Isidoro de Sevilla es un «conjunto de normas y reglas para hacer algo bien» y de *sanitate*, «salud». El personaje que observa cuidadosamente lo que hace nuestro artesano desde atrás, no es, como sugieren algunos autores, su maestro, sino todo lo contrario. Se trata de su discí-

37. Volveremos a ver el yunque en el arcano número XV, El Diablo.

pulo que, como podemos apreciar en su fisonomía, es más joven que él. Su arte, el arte de la salud, es la fabricación del elixir de larga vida, la medicina hermética.

Tarot de Catelin Geoffroy (1557)

Minchiate florentino

En el Tarot de Beltramo (1800) *Le Bateleur* pasa a llamarse *Le Batelleur*, y lo vemos sentado en una especie de taburete, en el Tarot de Pellerin (1830) recibe el nombre de *L'Escamoteur*, «El Escamoteador». La mesa es ya más típica de un trilero que de un mago o un prestidigitador, y en el Tarot de París será *Le Bataleux*.

En un delicioso *Minchiate* italiano podemos apreciar cómo el Mago, que está numerado con el I, pero no nombrado, está guiñando un ojo: está haciendo sus trampas.

El nombre que se le da a esta carta en el Tarot de Pellerin, «El Escamoteador», procede de *escamoter*, «sustraer», «quitar».

Ya en la *Vita de Esopo hystoriata*, un curioso libro del año 1592 podemos encontrarnos a un tramposo trilero que engaña a la parroquia: un escamoteador.

Tarot de París (s. XVII)

Tarot de Pellerin (1830)

Tarot de Beltramo (1800)

Minchiate fiorentino

Otro ejemplo lo encontraremos con un jugador de dados que se encuentra en la *Hecatomgraphie* (1540) de Gilles Corrozet, que nos avisa de que podemos empobrecernos si nos aficionamos a los juegos de azar. Señalemos el fuego que arde detrás del personaje: es lo que le espera en el infierno.

Vita de Esopo hystoriata (1592)

De tromperie pauureté.

Gilles Corrozet, *Hecatomgraphie* (1540)

Tarot italiano

En algunos Tarots italianos y austríacos al Mago se le conoce como *Bagatto* o *Pagad*. Esta última palabra, que recuerda al *pagat* catalán, el que ha cobrado bien, se puede aplicar al Mago que, antes de realizar su truco de escamoteador, ha cobrado de los curiosos que observan su pericia con los cubiletes. *Bagatto* también puede relacionarse con el francés *baguette*, «varita» que, como hemos visto, es uno de los instrumentos del Mago. También lo encontramos con el nombre *il Bagatel*. Esta última denominación nos recuerda a la palabra «bagatela», o sea cosa de escaso valor.

En diversos *Minchiate* de Florencia nuestro personaje aparece rodeado por dos jovencitos que parecen querer aprender sus trucos. En el de la izquierda parecería que son estos los que lo están escamoteando a él desde su situación privilegiada detrás del prestidigitador, mientras que en el de la derecha nos encontramos con lo contrario. En ambos destaca su sombrero, harto diferente del que conocemos en los Tarots marselleses.

Desconocemos la etimología de la palabra Bagatto, pero no deja de llamarnos la atención su cercanía con *baguette*, «varita», que es lo que sostiene Le Bateleur, y, sobre todo, con bagatela, cosa sin valor.

Para finalizar, señalar que un curioso tarot con el que finalizamos este capítulo, nuestro Bateleur se llama Le Rateleux, término médico antiguo que designaba a los enfermos de bazo. Sin embargo un ratelier era un especie de estante que contenía el heno para dar a comer a los animales. De ahí la expresión *manger a tous les rateliers*, que significa en castellano «estar en todos los fregados», y que designa a los aprovechados, como nuestro *Bateleur*, que se aprovecha de la codicia y la ignorancia de los demás.

Le Rateleux

Minchiate Fiorentini

Fides, le Fe, *Giotto, Capilla de los Scrovegni de Padua*

II - La Papisa

Esta carta representa a una mujer sentada, inmóvil y misteriosa, cuya cabeza está coronada por la tiara pontificia. Un velo generalmente blanco le cae sobre sus hombros mientras está absorta en la lectura de un libro. Recibe la denominación de *La Papesse*, La Papisa, alusión a la famosa papisa Juana que, según la tradición popular ocupó el trono de san Pedro bajo el nombre de Juan VIII.

En varios Tarots (Burdel, Chausson, Noblet) podemos ver que las líneas del libro que está sobre su regazo forman el jeroglífico del agua, ya que su forma ondulada recuerda a las olas del mar. Quizá donde más claro aparezca sea en el Tarot de Vieville. Vimos que con *Le Bateleur* se abría el libro del Tarot. Con *La Papesse* ya lo tenemos abierto.

Tarot de Burdel (1751)

Tarot de Chausson (1736)

Detalle del libro en el Tarot de Noblet

Estas líneas, que no aparecen en el Tarot de Rosenwald, también se pueden apreciar en el Tarot de Court de Gébelin.

Tarot de Rosenwald (s. XV)

Tarot de Court de Gebelin (s. XVIII)

La Papisa también representa a la Inteligencia, con mayúsculas, aquella que es necesaria para leer el libro. En la Cábala, la «madre» está representada por la *sefirah Binah*, que significa precisamente «inteligencia».

El velo la resguarda de las miradas profanas. En un Tarot de cerca del 1500, el denominado Hoja Yale, nuestra Papisa está de pie, leyendo el Libro, con un monaguillo que le pasa las páginas.

Tarot Yale (hacia 1500)

En el Tarot de Beltramo (1800) también vemos que el texto del Libro recuerda la forma de unas olas, indicándonos el agua. Curiosamente *Papese* aparece escrito con una falta de ortografía: lleva una sola «s».

Para poder leer este Libro luminoso es necesaria una luz de iguales características, que probablemente esté representada por el velo de nuestro personaje, que lo protege del exterior, de las miradas profanas. Se trata de la luz de *Binah*, la Inteligencia.

El hecho de que el Libro está abierto y situado encima de las rodillas, indica que para poder leerlo hay que haber recibido una cierta bendición. Si no, no se puede «leer bien» y nuestra interpretación del mismo es carnal y profana. Es entonces mal leído.[38] En hebreo «rodilla» se dice *berej*, y está relacionado etimológicamente con *Berajah*, «Bendición». En cierto modo, este libro es la imagen de todo el Tarot, ilegible si no se dispone de esa bendición.

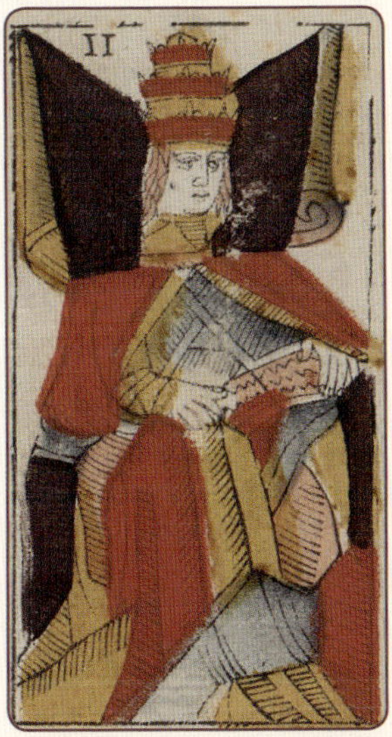

Tarot de Vieville (1650)

Tarot de Beltramo (1800)

Hildegarda de Bingen

La carta de La Papisa remite a la imagen de la Fe, idéntica a aquella representada por Giotto en la Capilla de los Scrovegni de Padua, con la que encabezamos este capítulo. La palabra «fe» procede del latín *fides,* que tiene el sentido de «fidelidad», «lealtad», que a su vez deriva del *pistis* griego. Se trata de una de las virtudes cardinales del cristianismo. En el fondo, La Papisa no es algo distinto del Papa. En realidad es el Papa embarazado de la Palabra, representada por el Libro.

38. En catalán «maldito» se dice precisamente *maleït*, que también podemos leer como «mal leído».

❖ *La papisa Juana*

La historia de la papisa Juana, que se encuentra en el origen de este naipe, es en realidad una leyenda. Con toda probabilidad fue Jean de Mailly, compilador, hagiógrafo y cronista católico de la orden de los dominicos, el primero en relatar la historia de una mujer muy talentosa del siglo XII que, vestida como un hombre, llegó primero a ser notario de la Curia, después cardenal y finalmente Papa. En el año 1886, el griego Emmanuel Royidis resucitó la leyenda medieval en un novela que tuvo una gran repercusión.

IOANNES BOCCATIVS

DE IOANNE ANGLICA PAPA. Caput xcix.

Artibus, illa dolis, literis instructaq; sacris,
Ingenio miro facta repente Papa est.
Nomine fit Papa, sed re fœmina turpis abortit,
Ac manet id quod erat, fœmina plena dolo.

IOannes esto Vir nomine videbatur, sexu tamen fœmina fuit. Cuius inaudita temeritas, vt orbi toto notissima fieret, & in posterum nosceretur effecit. Huius etsi patriam Maguntinam quidam fuisse dicant, quod proprium fuerit nomen, vix cognitum est. Esto sint, qui dicant fuisse Gilibertam, hoc constat (assertione quorundam) eam virginem à Scolastico iuuene dilectam, quem adeo dilexisse ferunt, ut posita verecundia virginali atq; pauore fœmineo, clàm è domo patris effugeret, & amasium adolescentis in habitu & mutato sequeretur nomine, apud quem in Anglia studentem clericus existimatus ab omnibus, & Veneri, & literarum militauit studijs. Inde iuuene morte subtracto, cum se cognosceret ingenio valere, & dulcedine traheretur scientiæ, retento habitu, nec adhærere voluit alteri, nec se fœminam profiteri, quinimò studijs vigilanter insistens, adeo in liberalibus & sacris literis profecit, vt præ cęteris excellens haberetur. Et sic scientia mirabili prædita, iam ætate prouecta, ex Anglia se Rhomam contulit. Et ibidem aliquibus annis in triuio

La papisa Juana, de una obra de Boccaccio (1313-1375)

El pontificado de la Papisa se suele situar entre los años 855 y 857, o sea, el papado que, según la lista oficial de papas, correspondió a Benedicto III. También hay quien sostiene que Benedicto III fue en realidad una mujer disfrazada.

La pequeña Juana, aunque no estamos seguros de que se llamara así, creció inmersa en un ambiente de religiosidad y erudición ya que su padre era un famoso predicador. Apoyada por su madre y a escondidas de su padre, tuvo la oportunidad de poder estudiar, algo que en la época estaba vedado a las mujeres. Pudo aprender griego, lo cual le permitiría leer la Biblia. Con el nombre de Johannes Anglicus se hizo copista y vivió en diversos monasterios. En Atenas se relacionó con rabinos judíos. Más tarde se instaló en Roma, donde fue muy bien recibida en los círculos eclesiásticos, llegando a ser la secretaria del papa León IV. Tras fallecer éste fue elegida Papa bajo el nombre de Benedicto III. La leyenda explica que dos años más tarde empezó a sufrir las contracciones del parto durante una procesión y dio a luz en público. Según unas versiones falleció durante el parto, según otras fue lapidada.

Giovanni Boccaccio, *De mulieribus illustribus (1474)*

La papisa Juana en El triunfo del Amor, *de Petrarca (1488)*

En el célebre Tarot de Besanzón (por ejemplo, el de Arnoult o el de J. Blanche) en esta carta aparece la representación de la diosa Juno, la madre de Júpiter. Señalemos el parecido fonético entre Jeanne y Junon. La posición de los brazos de nuestra Juno recuerda sorprendentemente a la de un escanciador, y nos remite a La Templanza, el arcano n.º XIIII.

La diosa Juno aparece representada a menudo junto a dos pavos reales. Por qué la Papisa ha sido sustituida por esta diosa y no por otra es algo que no hemos podido averiguar. En cualquier caso, tal como está dibujada, esta imagen de Juno no carece de simbolismo. En *l'art de tirer les cartes* de J. Méry (1925) se nos dice a propósito de esta carta: «La diosa Juno cuya imagen a través del gesto nos señala al Cielo y a la Tierra, significa que los misterios de la vida únicamente se revelan por medio del Espíritu. Es el símbolo del conocimiento que ha de guiar a la voluntad».

Tarot de Arnoult (1748)

Tarot de J. Blanche (hacia 1800)

Pero quizás la explicación sea más sencilla: como pontífice, su función es unir el Cielo con la Tierra. El número II de esta carta bien podría referirse a esta dualidad.

Esta Juno indicando con sus dedos al Cielo y a la Tierra, nos estaría enseñando que "como es arriba es abajo" en clara alusión al Mercurio de los alquimistas.

Juno en su carro con los pavos reales

Tarot de J. H. Blanck et Tschann (1793)

En otro Tarot de Besanzón, el de J. H. Blanck et Tschann (1793), nuestra Papisa se ha convertido en *La Primavera*. En este mismo Tarot el Papa será *El Invierno*.

Cartari, Le imagini degli Dei degli antichi, *1608*

En una conocida imagen de Vincenzo Cartari la podemos ver con la llave y el cetro, pero en vez de pavos reales nos encontramos con leones. Observemos que con la llave señala el cielo y con la mano que sostiene el cetro señala a la tierra.

Es notoria la relación entre la Primavera y el mes de abril, cuando «se abren las flores», con la noción de «abrir» y, por lo tanto, con la llave. Este símbolo, que por lo general se atribuye al Papa de Roma, puede aplicarse también a nuestra Papisa.

La Papisa con la llave ya aparecía en algunos Tarots antiguos, como el Tarot de París (s. XVII). La llave y el libro son simbólicamente como dos caras de una misma moneda.

Tarot de París (s. XVII)

Esta llave también la vemos en el grabado del libro *Quinta Essentia* de Rheinold Thurneysser Zum Thurn (1574). La Llave de oro simboliza la jurisdicción sobre el Reino de los Cielos y la de plata sobre la Tierra, o sea, sobre los fieles. En *Le imagini degli Dei degli antichi* (1608) de Cartari, además de con el cetro, aparece con un compás en lugar de la llave.

La diosa Juno, Cartari, Le Imagini degli Dei degli antichi *(1608)*

Das Erste Buch/

Das Erste Capitel.

Die Ewige Heimligkeit redet.

ICh schrey vnd ruff mit heller stim̄/
O menschlich gschlecht mein red vernim/
Ewre ohrn zuhörn seyen bereit/
Ich bin die ewige Heimligkeit/
In mir steckt glück/ vernunfft vnd lehr/
Mich hat gesegnet Gott der Herr/
In mir steckt gsundheit/ vnd langs leben/
Kunst/ weisheit/ glaub/ vnd lieb darneben/

Hoff-

Quinta Essentia, *de Rheinold Thurneysser Zum Thurn (1574)*

Tarot de Vanderborne

Michael Lasne,
Le capitaine fracasse *(1639)*

Missapientia, *Biblia de Magallanes*
Tarot de Rosenwald

Otro Tarot que también nos brinda algunas diferencias en lo que se refiere a los arcanos II y V, La Papisa y El Papa, es el Tarot flamenco de Vanderborre. En él la Papisa ha sido sustituida por EL ESPAÑOL, *Le Capitaine Fracasse,* y el Papa por el dios Baco.

Le Capitaine Fracasse inspiraría una novela de Théophile Gautier que conoció un gran éxito en su época. Resulta curioso que se le conozca como L'ESPAGNOL cuando el personaje en cuestión era en realidad gascón.

Weltchronik, C. 1420.
Historia de la papisa Juana, *Spanheim (1694)*

III - La Emperatriz o l'Impératrice

La carta de *L'Impératrice,* La Emperatriz, no es precisamente de las más interesantes, al menos a nivel simbólico. Para algunos estudiosos tanto este naipe como el siguiente no pertenecerían en realidad al Tarot, sino que fueron añadidos más tarde.

Podemos ver en este naipe a una mujer sentada en un trono que también podrían ser unas alas, particularmente en algunos Tarots antiguos, como el de Jean Dodal (1701) o el de Conver (1760). De este modo, al lucir unas alas y, en muchos casos, al carecer de pies, la Emperatriz bien pudiera representar al volátil de los alquimistas. Veremos más adelante que se la puede relacionar con la diosa Semiramis, asociada a su vez con la paloma. Está vestida con una túnica azul y una falda roja, como el interior de la corona que se halla sobre su cabeza. En otros Tarots más antiguos, como el de Catelin Geoffroy (1557), los colores no tienen nada que ver.

Con su mano izquierda sostiene un cetro dorado en cuya parte superior podemos ver un globo con una cruz. Con su mano derecha nos muestra un escudo color carne decorado con un águila dorada, como su cinturón. Su cabeza luce orgullosamente la corona imperial y sus ojos parecen estar mirando a la carta siguiente, El Emperador.

Tarot de Catelin Geoffroy (1557).

Tarot de Dodal (1701)

La base del cetro de la Emperatriz nos está señalando descaradamente su sexualidad, pues a veces parecería que va a penetrarla. Sea como fuere, nos encontramos con La Emperatriz en el tercer lugar en la sucesión del Tarot de Marsella, por lo cual los ocultistas le han adjudicado la letra hebrea *guimel*, que significa «camello», un animal que se asocia con el sexo masculino.

El rey y la reina de Hungría

La Emperatriz viene en cierto modo a sustituir a la Reina, la *Regina* de los Tarots italianos. Observemos los ojos saltones del personaje, que de alguna manera nos recuerdan al ojo que lleva en sus manos la *Regina*. En la imagen Mateo Biardo vemos que está equiparada a Juno, diosa que, en algunos Tarots revolucionarios, poco puntillosos en lo que se refiere a la simbología, sustituiría a la Papisa.

Tarot de Conver (1760)

Regina, *Mateo Biardo (1441-1494)*

La *Regina*, procedente de un paquete de *Trionfi* diseñado por Matteo Maria Biardo (1441-1494), es efectivamente «la reina de los ojos», representada por la diosa Juno, asociada desde tiempos antiguos con el «pájaro de ojos», el pavo real.

Como nos indica el texto de este grabado, los ojos simbolizan a los celos, idea que reencontraremos en el proverbio que dice «ojos que no ve, corazón que no siente».

En el Tarot revolucionario de François Isnard (1794), la Emperatriz aparece como la Abuela. Si bien conserva las alas, el cetro y el águila del escudo han desaparecido. Un precursor de la Emperatriz lo podemos ver en algunas imágenes que representan a la reina Semiramis. En vez de llevar un cetro en la mano izquierda, ésta aparece con una vara que recuerda a la de *Le Bataleur* o El Mago, y en lugar del escudo, sostiene una espada, que recuerda a la de La Justicia. Esta reina legendaria ha inspirado novelas, tragedias e incluso obras de teatro. Ya vimos que en la mayoría de tronos de nuestras Emperatrices recordaban a unas alas. Semiramis, en asirio significa «paloma».

Tarot de François Isnard (1794)

La reina Semiramis

A medio camino entre este grabado y los Tarots que conocemos podemos ver a los *Minchiate* italianos, donde el personaje luce la bola, la corona y el cetro. Las alas, sin embargo, han desaparecido. En uno de ellos, sin embargo, podemos ver al águila coronada encima de la bola. Sería lo que los alquimistas conocen como la «unión del Cielo y de la Tierra».

Minchiate italianos

En un bello naipe florentino podemos ver a nuestra Emperatriz descalza, con la bola y el cetro, en actitud meditativa. La punta del cetro también es una flor de lis, y el mango se apoya sobre su sexo.

Uno de los mazos más antiguos en los que podemos ver a la Emperatriz con alas es en la denominada «hoja Yale».

Tarot florentino

Tarot de Arnoult (1748)

Tarot de Arnoux-Amphoux (1793)

El Tarot de Guillaume Mann (1781), de Besanzón, un Tarot prerrevolucionario, no se toma la molestia de nombrar a la Emperatriz, y sencillamente le borra el nombre. En esta lámina también ha desaparecido el cetro y la corona ha sido borrada groseramente. Si bien conserva el escudo, el águila imperial ha sido sustituida por una flor de cinco pétalos, que parece inspirada en *La Dama de la Flor de Lis* del libro de Claude François Ménestrier (1631-1705), *Le Jeu de cartes du Blason* (1692).

Tarot de Guillaume Mann (1781)

La Dama de la Flor de Lis

La mirada de la Emperatriz del Tarot de Berenger (1830) es mucho más amable que la de su predecesoras. Sus ojos ya no son saltones y su nombre contiene una falta de ortografia IMPERATRIC en lugar de IMPERATRICE.

Tarot de Berenger (1830)

Código Manes (s. XIV)

IV- El Emperador o l'Empereur

Esta carta, que para algunos autores tampoco pertenecería originalmente al Tarot, comparte algunos elementos con la anterior, La Emperatriz o *L'Impératrice*: el escudo con el águila y el cetro con la cruz. La posición de sus pies nos recuerda al personaje que aparece en el arcano XXI, El Mundo o *Le Monde*. A la Emperatriz no se le veían los pies, mientras que al Emperador sí. Por esta misma razón, si podíamos asociar a la Emperatriz con el volátil de los alquimistas, el Emperador correspondería al fijo.

Nuestro personaje, orgulloso de su poder, parece estar concentrado en la contemplación del globo de oro de su cetro. La palabra «Emperador» procede del latín *Imperator*, de una raíz que significa «preparar», «tomar medidas», «planificar», que a su vez está compuesta de *in* y *paro*. *Imparare*, en italiano, significa «aprender». El águila que aparece en la parte inferior del naipe es el animal de Júpiter, lo cual no deja de ser curioso ya que en algunos Tarots de la época de la Revolución francesa el naipe siguiente, el número V, representaba a este dios en vez de al Papa, tradicionalmente el arcano n.º V. En la tradición occidental, este animal es un símbolo del alma y de la inmortalidad del alma, ya que, según cuenta la leyenda, cuando está a punto de morir desciende volando hacia una fuente, en la que se sumerge tres veces para renovarse y volver a ser joven. Por otra parte, los místicos consideran que es el único animal capaz de contemplar cara a cara al Sol, así como el alma, y no el cuerpo, es capaz de contemplar a Dios.

Tarot de Cattelin Geoffroy (1557)

Tarot de Chausson (1672)

En la versión de Chausson, el yelmo del Emperador se parece sorprendentemente a la gorra del Loco. Este antagonismo recuerda al del príncipe y el mendigo. Y es que, ante la muerte, ambos son igual de impotentes.

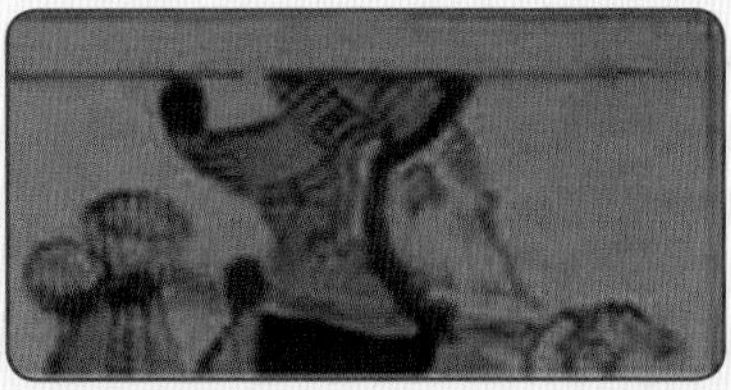

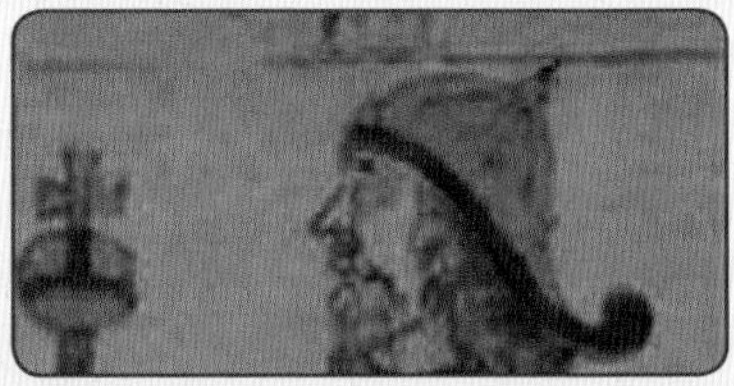

Dos visiones de un mismo personaje, el hombre profano, que no acaba de encajar en el Tarot. Uno cree poseer un cetro, pero es el cetro el que lo posee a él, mientras que el otro parece tener todas sus pertenencias en un humilde hatillo, al que está apegado como a un tesoro.

En el Tarot de Cattelin Geoffroy (1557), nuestro personaje es un venerable anciano. Gracias a sus brazos podemos ver como bajo su lujosa capa, luce una armadura y con su mano derecha sostiene una espada.

En el Tarot de François Chausson (1672) lo vemos con el cetro y el escudo con el águila imperial. El Emperador parece un hombre de considerable edad que luce una armadura bajo su lujosa capa, representa de este modo la idea del rey guerrero, listo para pasar a la acción en cuanto sea necesario

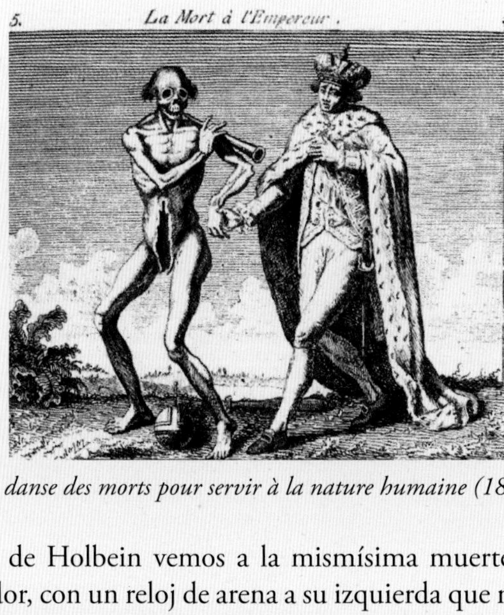

La danse des morts pour servir à la nature humaine (1800)

En el grabado de Holbein vemos a la mismísima muerte sirviéndose en la mesa del Emperador, con un reloj de arena a su izquierda que nos recuerda la brevedad de la vida, para ricos y para pobres.

Holbein, La Danza de la Muerte *(1523)*

Dada su importancia en la sociedad, la figura del Emperador ha sido objeto de numerosísimas representaciones. En el grabado siguiente que representa al rey Tolomeo coincidiendo con los atributos del Emperador, encontramos algo muy curioso: se le relaciona con el signo de Cáncer, el cuarto signo del Zodíaco. Recordemos que El Emperador es la cuarta carta del Tarot. Según la astrología tradicional, el signo de Cáncer es aquél en el cual el planeta Júpiter se halla en exaltación.

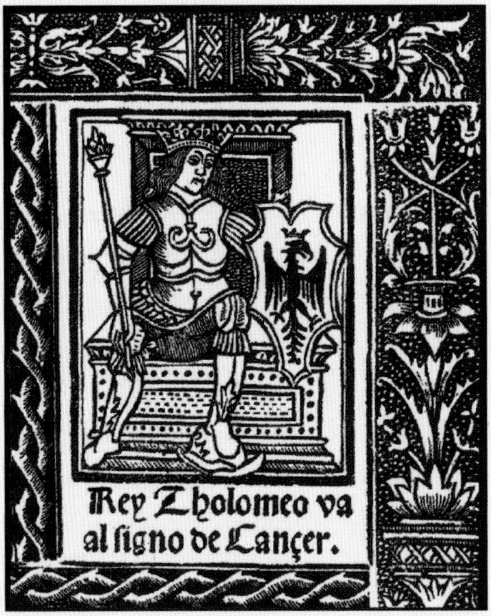

Gualteri *Il Libro delle Sorti* (Venecia 1482)

En el Tarot revolucionario de François Isnard (1794), el Emperador aparece como el Abuelo, *le Grand Père*. El cetro, símbolo del poder del Emperador, ha desaparecido y como en el caso de la Emperatriz, ha sido sustituido por una flor. Tampoco podemos ver el águila del escudo o su corona imperial, que ha sido sustituida por un vulgar gorro.

El Tarot de Guillaume Mann, un Tarot de Besanzón, ni siquiera se molesta en renombrarlo y sencillamente le quita el nombre. Tampoco aparece el águila del escudo que también ha sido sustituida por una flor.

Tarot de François Isnard (1794)

Tarot de Guillaume Mann (1781)

Imperator VIIII
(Tarot de Mantegna)

Jupiter

En el denominado Tarot de Mantegna, que para muchos autores no sería en realidad un auténtico Tarot, nos encontramos al Emperador con el águila de rigor y con el mismo cruce de piernas que en los demás Tarots. En la carta que representa a Júpiter, el personaje ya no lleva las piernas cruzadas y sostiene una saeta con la que parece haber matado a cuatro soldados. Solamente un niño, por lo demás angelical, parece haber escapado a su ira, aunque otra interpretación sería que lo acaba de salvar de esos cuatro soldados (¿los cuatro elementos?) que lo tenían prisionero. El todo está dentro de una mandorla que recuerda a la del arcano del Mundo, dominada por el águila. En otras representaciones clásicas podemos ver a Júpiter con las piernas cruzadas y con el rayo en su mano, por ejemplo, el bello grabado del *Pratum Emblematicum* (1617).

El *Pratum Emblematicum* (1617) de Andreas Bretehneider nos muestra una especie de fusión Júpiter-Emperador, que aparece sentado sobre una nube sosteniendo los rayos y coronado con una corona real.

Pratum Emblematicum (1617)

Pintoriccio, *El Papa.*

V - El Papa o Le Pape

Nos encontramos en esta carta con un hombre anciano con barba y bigote, sentado delante de dos columnas. En la mayoría de Tarots tradicionales, va vestido de azul, pero lleva una capa roja. Su cabeza está coronada por la mitra papal. Sostiene con su mano izquierda una triple cruz de oro y en ambas manos podemos ver una cruz. Dos personajes con las cabezas tonsuradas, uno de los cuales, el de la izquierda, lleva un sombrero colgado, parecen escucharle y estar recibiendo su bendición. No podemos ver sus rostros. Detrás del personaje de la derecha podemos ver a un extraño brazo con la mano abierta, como dispuesta a recibir algo.

Tarot de Chausson (1736)

Tarot de Conver (1760)

El personaje principal de este arcano representa, pues, al Papa romano, que de algún modo evoca al Sumo Sacerdote que impartía la bendición ante las columnas del Templo, *Jakin* y *Boaz*. Su triple cruz evoca su poder sobre los tres mundos, el físico, el psíquico y el espiritual.

Sin embargo, el carácter profano de este naipe lo vemos en que el Papa no se dirige hacia el Templo, al que da la espalda, sino hacia los hombres, hacia los fieles a los que está bendiciendo. La palabra «profano» significa etimológicamente «aquel que está fuera del Templo». Los dos personajes, cuidadosamente tonsurados, están como idolatrando al Papa, mientras que el que no se ve se ocupa discretamente de recibir la bendición.

En este curioso grabado nos encontramos con lo contrario. Dos personajes cuyos rostros sí podemos ver, están delante de un alto dignatario en cuyas manos hay una espada sin mango que nos recuerda a la del arcano n.º XV, El Diablo. Aparece un sombrero parecido al del Papa y el primer personaje está haciendo con su mano derecha el mismo signo de bendición que veíamos en el Arcano n.º V. El otro parece estar pidiendo algo o implorando perdón.

Si nos fijamos bien, en los Tarots marselleses se puede apreciar una mano que bendice, la del Papa, y otra que recibe la bendición, la del personaje que no vemos.

El Papa es el Sumo Pontífice. Esta última palabra significa «hacedor de puentes». Su función, equiparable a la del *Wang* de los antiguos taoístas, es de hacer de puente entre el Cielo y la Tierra. Lo vemos bendiciendo y la bendición es de hecho el acto de hacer descender el Cielo sobre la Tierra. Para los cabalistas la letra de la bendición era la letra *He* (ה), cuyo valor numérico es 5, como el número que se adjudica a este arcano. Los dos personajes arrodillados pueden asociarse a la Buena y la Mala Inclinación de las que nos habla la Cábala. La Mala Inclinación corresponde a la izquierda, a lo siniestro, y podemos ver cómo el personaje de la izquierda tenía un sombrero, pero se lo ha o se lo han quitado: ya no está bajo la sombra que representa a la bendición, detalle que ha pasado desapercibido a muchos en casi todos los Tarots de Marsella, es que este personaje siniestro está intentando tocar al de la derecha en sus partes bajas, y la mano que parece recibir, a las del Papa.

Miniatura flamenca

En muchos Tarots este arcano ya no recibirá el nombre del El Papa, sino el de Júpiter. Así, en el Tarot de Arnoult (1748) lo encontramos con el rayo en las manos. En *l'art de tirer les cartes* de J. Méry (1925) se nos dice a propósito de esta carta: «Júpiter, Maestro de los Arcanos, sostiene en sus manos los rayos, símbolo de vibraciones astrales en medio de las cuales se mueve la libertad de acción del hombre». Señalemos en ambos Tarots la presencia del águila.

Tarot de Arnoult (1748)

Tarot de Jerger (1801)

Otro Tarot que también nos brinda algunas diferencias en lo que se refiere a los arcanos II y V, La Papisa y El Papa, es el Tarot flamenco de Vandenborre (1762). En él, el Papa ha sido sustituido por Baco y la Papisa por *le Capitaine Fracasse*, que es una burla de los españoles que en aquel entonces oprimían Flandes. De hecho, este naipe también se llamaba *L'Espagnol*.

Tarot de Vandenborre (1762)

En esta representación del dios Baco nos encontramos con una maravillosa evocación del dicho talmúdico que sostiene que «cuando el vino entra, el secreto sale». El vino que entra por la boca de nuestro simpático Baco parece salir por entre sus piernas, sugiriéndonos que el famoso secreto está relacionado con el sexo.

Señalemos también la sutileza de Vanderborre: de todas las uvas que se ven en la carta sólo cinco están coloreadas de rojo, en consonancia con el número de este arcano.

Las hojas con que se viste nuestro personaje, que recuerdan a las hojas que vistieron a Adán y Eva, son hojas de parra, quizás para recordarnos que aparte de dios de la vida y del vino, Baco era también el dios de la vegetación.

El autor de este curioso tarot belga no deja de sorprendernos al asociar a Baco con el Papa.

¿No se estará refiriendo a las famosas bacanales que se celebraban en la Roma papal? De todos modos, como ya hemos visto, el vino es un símbolo del secreto y el Papa de la bendición. Bien podría tratarse de lo mismo.

En el Tarot Visconti-Sforza el concepto de bendición queda más claro pues vemos a nuestro Papa bendiciendo con autoridad y convicción.

Tarot Visconti-Sforza

Théatre de l'Amour

VI - El Enamorado o L'Amoureux

Vemos en este arcano a un joven imberbe de rubios cabellos, con la cabellera descubierta, situado en el centro de la carta. A su izquierda se halla una bella muchacha rubia y a su derecha aparece un personaje que tanto podía ser un sacerdote de mediana edad como una mujer vieja, hombruna y fea. Este personaje tiene su mano sobre el hombro del joven. Un ángel de cabello rubio y alas azules, probablemente Cupido, está encima de los tres personajes con su arco y su flecha dirigidos exactamente hacia la mano izquierda de la muchacha. Este pequeño detalle relaciona a la carta con la anterior, en la que pudimos apreciar una mano abierta que parecía estar a punto de recibir algo.

Podemos ver aquí una acertada representación del hombre caído, que constantemente ha de elegir entre el vicio y la virtud, entre seguir su Buena Inclinación o su Mala Inclinación. Ésta última está representada por el personaje de la izquierda. Fijémonos que el ángel está apuntando con su flecha al de la derecha, que a su vez está tocando el corazón de nuestro personaje, mientras que el otro, la mujer hombruna, le toca el hombro, como si quisiera llevárselo con ella

Tarot de Jules Héri (1718)

En el Tarot de Jules Héri (1718), un bello Tarot de Besanzón, nuestro enamorado parece fijarse en la mujer fea de su izquierda, pero en realidad está interesado en la de la derecha, a la que está señalando y quizá tocando con su mano en sus partes bajas. Ella, por su parte, le está tocando el corazón. La flecha de Cupido está ligeramente orientada hacia ella. De los tres personajes, el Enamorado es el único al que se le ven los pies.

Resulta sumamente curioso el denominado Tarot de Rosenwald, donde únicamente aparecen Cupido, el enamorado y la dama. El joven enamorado, de rodillas delante de ella, no parece reparar en el ángel que le está disparando una flecha, pues la dama ha abierto sus brazos como para acogerle y abrazarle. Observemos que, si bien se suele decir que los ángeles no tienen sexo, en este caso aparece exagerado. Este Cupido lleva los ojos vendados a diferencia del grabado del siglo XVII que acaba de tirar su arco.

Tarot de Conver (1760)

Tarot de Jerger (1801)

La elección de la que nos habla este arcano también podemos extrapolarla y decir que el hombre caído, prisionero en este mundo, únicamente tiene una elección: quedarse en él o salir de él. Son los dos destinos, el de este mundo y el del mundo venidero. Un bello ejemplo del tema central de este naipe lo hallamos en el libro de *Jeremías* (XXI-8), que de algún modo nos habla también de estas dos vías.

הנני נתן לפניכם, את-דרך החיים ואת-דרך המות

«Así habla IHWH: mirad, os doy a elegir entre el camino de la vida y el de la muerte».

Se ha comparado al enamorado de esta lámina con la imagen de Hércules (Heracles) en una encrucijada de caminos que nos ha transmitido Filóstrato en su *Vida de Apolonio de Tiana*, de donde extraemos el párrafo siguiente:

> «Has visto en descripciones de pinturas el Heracles de Pródico, cómo Heracles es un joven, aún en el momento de elegir su forma de vida, y cómo la maldad y la virtud, disputando entre ellas, tratan de arrastrarlo: la una ataviada con oro y collares, con un vestido teñido de púrpura, con color en las mejillas, bucles en su cabellera y pintura en los ojos, tiene incluso sandalias de oro, pues está representada también caminando orgullosamente sobre ellas. La otra, en cambio, la virtud, se asemeja a una mujer muy trabajada, de mirada seca, que usa de sus arrugas como adorno. Descalza, es modesta en su vestimenta; incluso aparecería desnuda si no conociera lo que es en las mujeres decoroso».

Christof Maurer (s.XVII)

Para los pitagóricos, la vida humana está representada por la letra Y. El trazo central correspondería a la infancia, donde no hay ni vicios y virtudes, mientras que el de la izquierda, correspondería al vicio y el de la derecha, a la virtud. También, según los pitagóricos, después de la muerte el alma debe elegir entre dos caminos: uno a la izquierda, más solícito, que en realidad conduce a los infiernos; y otro a la derecha, más discreto, que lleva a los campos de los bienaventurados.

Observemos el parecido de la corona que aparece en el personaje de la derecha del Tarot de Héri (1718) que reproducíamos al principio, con la de la imagen de la Y pitagórica que aparece a continuación. El camino ancho, el de la izquierda, lleva a la caída y al fuego del infierno. El estrecho, el de la derecha, a la gloria.

Y pitagórica

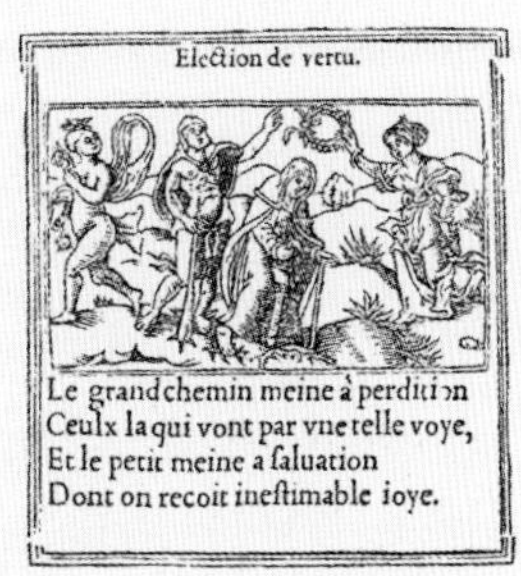

Imagen de Gilles Corrozet

El arco y la flecha del ángel Cupido recuerdan a una letra hebrea, la letra *Shin* (ש). Se trata de la letra del fuego, en hebreo *Esh*.

Tarot de Beltramo (1800)

Esta letra se encuentra justo antes de la última letra del alfabeto, la letra *Tav* (ת), que representa el final. De alguna manera es la Y que está antes de la Z. La letra *Shin* (ש) puede escribir de dos maneras, como *Sin* (שׂ) con un puntito en la izquierda, o como *Shin* (שׁ) con un puntito a la derecha. En el primer caso es un fuego destructor, mientras que en el segundo es un fuego soldador, unificador. Se trata, de nuevo, de los dos caminos.

En el Tarot de Beltramo (1800) nos encontramos con que los enamorados son un rey y una reina, y de nuevo con una flagrante falta de ortografía, en vez de LAMOVREVX tenemos escrito LAMOBEUX.

El rey y la reina representan aquí a los dos principios que están unidos por el amor (de hecho, exactamente lo contrario de lo que veremos en la carta número XV, El Diablo). En hebreo, la palabra que quiere decir «amor», *ahavah* (אהבה), tiene el mismo valor numérico que la que quiere decir «uno», *Ejad* (אחד). El amor es lo que unifica, lo que integra, mientras que el odio separa, desintegra.

Girolamo Benvenuto (1470-1524), Hércules en la encrucijada

Vincenzo Cartari, Des Images des Dieux

En el Tarot piamontés de Félix Solesio (1865) la carta presenta una curiosa inversión y el personaje masculino parece estar bailando con las dos mujeres.

Tarot de Solesio (1865)

Gérard Audran (1640-1703) Cupido y Mnemosine

En una hoja sin cortar conservada en el British Museum conocida como Tarot Colonna (1625) nos encontramos con la carta número 6 en la que Cupido está apuntando a una dama mientras su enamorado le ofrece una flor.

Para algunos hermetistas, los dos personajes femeninos que aparecen en este naipe corresponderían a las dos «Evas». El de la izquierda sería la Eva caída, la esposa de Adán que pecó y arrastró a su marido y a toda la creación con ella. El personaje de la derecha sería la Eva regenerada.

Tarot de Pellerin (1830)

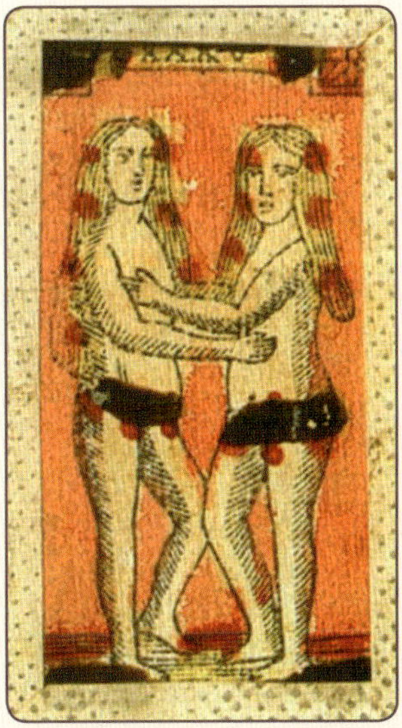

Minchiate italiano

En un bello *Minchiate* italiano esta carta representa a un joven y una joven abrazándose. No necesitan ni cupidos ni flechas. Simplemente se aman. Nadie se entromete en el amor.

Que el amor es una fuerza, nadie lo discute, pero que se trata de una fuerza dual no está tan claro y quizá este *Minchiate* nos lo esté recordando. Donde quizá se vea más claro es en el grabado siguiente de Alciato, en el que el carro de Cupido es llevado por dos leones.

Alciato, Emblemata *(1531)*

Julio César en su Carro Triunfal

VII - El Carro o Le Chariot

El Carro o *Le Chariot* probablemente sea una de las cartas más evocadoras e interesantes de todo el Tarot, al menos desde el punto de vista simbólico y cabalístico. En la mayoría de Tarots representa a un joven rubio e imberbe que está de pie en un carro de forma cúbica, en el que cuatro columnas sostienen un dosel decorado. Su nombre, *Le Chariot*, significa «El Carro» y alude presumiblemente a un carro de guerra. A menudo lo encontramos mal escrito, como en el Tarot de Chausson (1736), donde se llama *Le Charior*. En Tarots más modernos, como es el caso del de Berenger (1813), será *La Charoisse*, «La Carroza».

Tarot de Chausson (1736)

Tarot de Berenger (1813)

La cara, las manos del personaje y a veces incluso el carro en cuestión son de color carne. El tipo de corona que luce nuestro auriga nos indica que es un marqués, un título nobiliario bastante más frecuente en Italia que en Francia o España. El cetro que sostiene con su mano derecha y que no aparece en todos los Tarots, es diferente del cetro del Emperador (arcano n.º IIII). En algunos mazos, las hombreras de la armadura de nuestro personaje tienen forma de rostro, como las del Rey o el Caballero de Espadas. Por ello podría recordarnos al dios Jano. En la cara frontal del carro aparecen en algunos Tarots las siglas: S. M.

Hermetistas de la talla de Emmanuel d'Hooghvorst o Raimon Arola relacionan estas letras con la expresión latina *Satan musat*. Personalmente, creemos que se trata de una alusión a dos ángeles, Sandalfón y Metatrón, relacionados por los comentaristas con los dos querubines de los que habla *Éxodo* (XXV-18). Los cabalistas nos explican que estos dos ángeles son los ángeles del Carro, jugando con la palabra *Keruv* (כרוב), «Querubín» y *Rekev* (רכב), «Carro». Por otra parte, la visión de Ezequiel –denominada *la visión del Carro*– tiene lugar «junto al río Kebar» (כבר), palabra que se escribe con las mismas letras que *Rekev* (רכב), «Carro».

Tarot de Burdel (1751)

Tarot de Pierre Madénié (1709)

Si nos fijamos en estas palabras hebreas, nos encontramos con que se trata en los tres casos de las mismas letras ordenadas de modo distinto. Y con estas mismas letras podemos formar la raíz *berej* (ברך), «rodilla», de la que procede *Berajah* (ברכה), «Bendición», asociada en la Cábala con la Presencia divina, la *Shekinah*. En otros arcanos (XVI y XVII) nos encontraremos con alusiones a este simbolismo. El Zohar (III-230 b) es harto explícito cuando dice «el ángel Metatrón es un carro para la *Shekinah*».

Volviendo al tema de las siglas, constataremos que en muchos Tarots se trata sencillamente de las iniciales del maestro cartero. Así PM en el de Pierre Madénié o CB en el de Burdel.

En el Tarot de Pierre Madénié (1709) o el de Burdel (1751), El Carro recibe el número VII y el nombre de *Le Charior*, en vez de *Chariot* o *Char*. Se trata, como ya hemos señalado en otro lugar, de un mero error ortográfico. Sin embargo, nos podríamos encontrar con un guiño al oro de los alquimistas si leemos *Charie Or*, «que lleva el oro». Los alquimistas afirmaban que había siete pasos en su Gran Obra, y una de sus obras más conocidas se llama precisamente *El carro triunfal del antimonio*.

Ruscelli, Le imprese illustri *(1566)*

Para algunos autores, esta carta representaría a Faetón en el Carro del Sol en su cielo diurno, y su viaje más allá del río de los infiernos. Según Court de Gebelin sería la imagen del Dios rey en su carro triunfal.

Tolomeo, Tetrabiblos
(Manuscrito bizantino del s. IX)

Tarot de Court de Gébelin
(1781)

Tarot alemán (1750)

Tarot boloñés

El tema del carro es uno de los más importantes y recurrentes en los textos de la Cábala y se refiere a la famosa visión de Ezequiel, la visión de la *Merkavah*. La primera vez que aparece la palabra «el carro» en la *Torah* es en el libro del Éxodo, capítulo 14, versículo 28, curiosamente dos múltiplos de 7. El valor numérico de *haRekev* (הרכב), «el carro» es de 227, el mismo que el de *Berajah* (ברכה), «Bendición», palabra que se escribe con las mismas letras. De algún modo, el Carro simboliza a la Bendición, a la influencia espiritual capaz de despertar al hombre interior dormido. En el libro de los Salmos (CIV-3) podemos leer:

השם-עבים רכובו

«El que pone las nubes por su carroza».

Grabado de Hans Holbein el Joven, Biblia de Zürich (1531)

En numerosos motivos emblemáticos medievales, nos hallamos con que aparece un carro. Normalmente está asociado a la idea de triunfo, de ahí la gran cantidad de *Currus Triumphalis*, «Carros Triunfales». Ya vimos que en el Tarot de Pierre Berenger (1790-1855) no recibe el nombre del Carro, sino el de La Carroza (*La Charoisse*), lo cual es la traducción exacta de la *Merkavah* de los cabalistas.

Alciato, Emblemata
(1692)

Sambucus, Emblemata
(1564)

Jacobus Typotius, Symbola divina et humana *(1601)*

Con el lema SIC AD ASTRA, los *Symbola divina et humana* (1601) de Jacobus Typotius nos sugieren un camino accidentado hasta las estrellas. Es anecdótico que esta expresión latina, tomada de Virgilio, se utilice aún como fórmula para despedir a los astronautas que inician un viaje al espacio.

En unos *Minchiate* florentinos la carta que representa al Carro lleva el número X y recuerda mucho a la del Mundo. Recordemos que en el Tarot de Rosenwald también llevaba este número. En este último el auriga del carro sostiene la bola del mundo en una mano y la espada con la otra. A diferencia de otros tarots, los dos caballos parecen ir a una misma dirección.

Minchiate de Florencia

Tarot de Rosenwald

Ya vimos cuando describíamos este arcano en el Tarot de Marsella que nos hallábamos ante un joven rubio e imberbe de pie en un carro de forma cúbica. En un grabado tomado de *Livre de Passe* nuestro personaje está claramente de pie sobre una piedra cúbica. Algo parecido ocurre en las *Imágenes de los dioses de los antiguos* de Vincenzo Cartari.

Livre de Passe

Pavli Macci, Emblemata cum privilegiis *(1618)*

Tarocchino *de Bolonia*

En un *Tarocchino* de Bolonia que reproducimos a continuación, también se hace hincapié en esta misteriosa piedra. Nuestro personaje está sentado en ella de una manera que ésta parece formar parte de él. Por el lugar del cuerpo en el que está nos podemos preguntar si no estará indicándonos que la famosa piedra corresponde al sacro. En el carro nos encontramos con dos caballos, que corresponden a las dos Inclinaciones, la Buena Inclinación y la Mala Inclinación. Aquí ambas están unidas y dominadas por el carro. Se trata de dos tendencias opuestas, lo que quizá se ve con más claridad en este *Tarocchino* es que parece que vayan en direcciones opuestas. El número VII de nuestro naipe podría corresponder a la suma del IV y del III, correspondiendo estos a su vez al cuadrado y al triángulo. El triángulo, como la corona, representa al cielo, mientras que el cuadrado representa a la tierra. Así, nuestro auriga coronado y sentado sobre la piedra cúbica y que en el *Tarocchino* boloñés que reproducimos sostiene la bola con su mano derecha y la espada con su izquierda, encarna a aquel que une Cielo y Tierra.

Minchiate italiano

En los *Emblemata cum privilegiis* (1618) de Paolo Macio nos encontramos con una representación del Carro que lo acerca sorprendentemente al arcano n.º XI, *La Force* o La Fuerza. El auriga que aparece en él ya no es un marqués, sino un rey, como se puede deducir de su corona y de su cetro. Dos elementos iconográficos que nos llevan a asociar esta imagen con la de La Fuerza. Se trata, en primer lugar, de que en vez de caballos en este carro nos encontramos con dos leones que tiran de él. En segundo lugar, abajo, a la derecha, podemos apreciar una columna, uno de los símbolos tradicionales de la fuerza. De hecho, en numerosos Tarots en vez del león aparece la columna y en otros incluso los dos motivos.

También estos dos animales están mirando cada uno hacia un lado, como diciéndonos que son fuerzas opuestas. En el cetro del rey vemos a la flor de lis, motivo que ya vimos en algunos *Minchiate* italianos que representaban a la EMPERATRIZ.

La Justicia, manuscrito francés s. XV

VIII - La Justicia o La Justice

En el Tarot de Marsella este arcano está representado por una figura femenina coronada con una especie de tiara, sentada en un trono dorado. Sostiene con su mano derecha una espada de empuñadura y filo dorados, y con la izquierda una balanza que también es dorada. No se le ven los pies, que están ocultos bajo su vestido. Viste un abrigo azul sobre un vestido rojo. Algunos autores ven en el trono a unas alas, motivo que aparece también en otros arcanos.

Podemos relacionarla con el número XIII, denominado LA MUERTE o LA MORT. A primera vista no parece haber ninguna relación entre ellos, pero en el fondo se refieren a una misma experiencia. Señalemos que la espada es un instrumento de naturaleza marciana que sirve para cortar, para matar, para separar. La muerte es, ante todo, una separación; esto lo veremos también al comentar el arcano número XIII. Se trata sin duda de la separación del cuerpo y del alma que tiene lugar en la muerte. Esta situación también está simbolizada por la espada. Posteriormente a ella, el alma es pesada, y si da el peso puede penetrar el paraíso y si no lo da es arrojada a los infiernos. Toda la tradición egipcia nos habla de esta «pesada» del alma, y encontramos este motivo en *Las bodas alquímicas de Cristian Rosa Cruz*, una de las obras más ricas en simbolismo del siglo XVIII.

La justicia de este mundo es diabólica, como podemos ver en la ilustración de *Le pélerinage de l'humain voyage* que encabeza el capítulo siguiente El Hermitaño. La lengua sacada, que también aparece en el arcano n.º XV, nos lo corrobora.

Tarot de Chausson (1736)

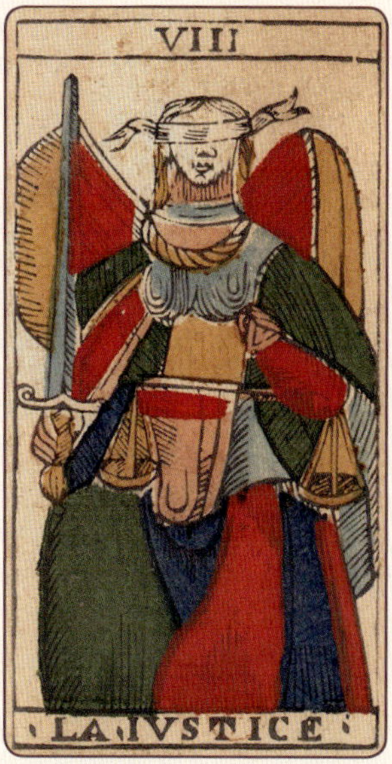

Tarot de Guillaume Mann (1781)

De nuevo podemos asociar una carta con Jacob y su famoso sueño. A primera vista no es evidente ninguna relación entre nuestro patriarca y la justicia, pero la expresión el «sueño de los justos» bien podría aplicarse al sueño de ese justo que era Jacob.

La Justicia es una virtud cardinal, pero la justicia de los hombres puede ser corrupta, como apreciamos en el grabado de la *Danza de la Muerte* de Hans Holbein, donde un personaje está entregándole dinero al juez, que está con la mano abierta y la cara ansiosa. Otro detalle significativo de este grabado es el reloj de arena tirado por el suelo: la justicia se toma su tiempo.

Holbein el Viejo

Tarot de Carlos VI

Una bellísima representación de este naipe es la que nos brinda uno de los Tarots más antiguos, el de Carlos VI. También en él la balanza está ligeramente inclinada hacia la izquierda, hacia la misericordia.

Símbolo de juicio, equilibrio y armonía. La balanza indica que el juez ha de sopesar los argumentos de las partes en litigio y ser imparcial. La espada, que se encuentra al origen de la expresión «el brazo armado de la justicia», nos sugiere que además de evaluar y juzgar el juez ha de ejecutar el *veredicto* (palabra cuya etimología significa «decir verdad»).

A liuely picture deſcribing the weight and ſubſtaunce of Gods moſt bleſſed word agaynſt the doctrines and vanities of mans traditions.

John Foxe, Book of Martyrs *(1583)*

La imagen simbólica de la Justicia que conocemos, y que podemos contemplar en el Tarot, procede de la Temis griega, hija de Urano y Gaia, o sea del Cielo y de la Tierra. Era la alegoría del Derecho y de la Justicia. Se la representaba con tres atributos: La venda, que le cubre los ojos, la balanza, la espada.

Imagen de la Justicia ciega

La venda que cubre los ojos de la Justicia se interpreta normalmente como que «la Justicia es ciega», o sea que ha de ser imparcial. Esta venda aparece, sin embargo, en muy pocos Tarots. Señalemos a modo de ejemplo el de Guilaume Mann (pág. 105). Con todo, podemos permitirnos una interpretación alternativa. La venda que cubre los ojos de nuestra imagen no nos está diciendo que la justicia sea ciega: nos está sugiriendo que la verdadera Justicia no ve las cosas con los ojos de este mundo. Por esta razón, muchas cosas que nos parecen injustas, desde nuestro punto de vista, en realidad no lo son cuando se las contempla desde una perspectiva más amplia.

En prácticamente todas las representaciones de la Justicia llama la atención que no se le ven los pies, como para indicar que, al no pisar el suelo, no es de este mundo. La balanza se llama en hebreo *moznaim*, siendo también éste el nombre del signo zodiacal de Libra, en el mes de *Tishre*. La relación entre la balanza y la espada nos la descubre Maimónides cuando explica que el primer día del mes de *Tishre* es *Iom Kippu*r cuando «la persona debe verse a sí misma, y al mundo entero, como estando caminando en el filo de una espada, precisa y exquisitamente equilibrada, mitad meritoria y mitad culpable. Si comete un pecado, la inclina hacia el lado negativo. Sin embargo, cumpliendo con un solo precepto, puede alterar el equilibrio de su vida y la de todo el mundo al lado de la bendición y la vida».

La espada, por su parte, se llama *jereb* en hebreo, y *jurban*, de la misma etimología, significa «destrucción», «ruina». Es obvio, pues, que este naipe alude al momento de la muerte. Curiosamente su número, el VIII, coincide con la Casa de la Muerte en la astrología tradicional. La espada separa el alma del cuerpo y el alma es pesada en la balanza.

Se suele decir que la justicia es ciega y lenta. Es cierto que no siempre acierta en sus veredictos y que además se toma su tiempo. En hebreo, «justicia» se dice *tsedek* (צדק). La guematria de esta palabra es la misma que la de la palabra «tiempo», *zman* (זמן), multiplicada por 2.

7 = ז
40 = מ
50 = ן

97

97 x 2 = 194

90 = צ
4 = ד
100 = ק

194

A. Albertini,
Emblemata Hieropolitica,
Múnich, 1647

O sea que de algún modo la justicia de este mundo se toma el doble de tiempo de lo previsto.

Una curiosa representación de la justicia, que debería ser más bien de la equidad, la encontramos en un curioso grabado, *Le Pègme* de Pierre Cousteau (1569). En él podemos ver a una madre que está dando el pecho a dos niños. Observemos las dos alas del trono de esta representación de la Justicia que aparece en un buen número de Tarots.

Pierre Cousteau Le Pègme *(1560)*

Los dos pechos corresponden a los dos platillos de la balanza, y esta madre los está dando de un modo equitativo, al mismo tiempo, a sus dos hijos.

Si la justicia es ciega, es porque el bufón, símbolo del hombre caído, le está vendando los ojos, como podemos apreciar en la ilustración de la *Emblemata Hieropolitica* (1647) de A Albertini o en el de Brandt de la pág. 110. La Justicia divina no es ciega, pero la humana sí, como podemos apreciar en el grabado de Achillis Bocchii Banon

Brandt, La nave de los locos (1499)

Brandt, La nave de los locos (1499)

Cartari, Le Imagine degli Dei degli antichi *(1608)*

En el Tarot de Mantegna el Rigor y la Misericordia están magníficamente representados, el primero por la espada y la segunda, por la cigüeña.

Tarot de Mantegna

Le pèlerinage de l'humain voyage

VIIII - El Hermitaño o L'Hermite

El Hermitaño o *L'Hermite* también es uno de los arcanos más evocadores de todo el Tarot pues este personaje nos rememora la situación del hombre en ese viaje de peregrinación denominado «vida». Puede llamar la atención que insistamos en poner del nombre de este arcano una letra H, esto es porque creemos que está relacionado etimológicamente con Hermes. Si bien en castellano hemos de hablar de «Ermitaño», en los diversos Tarots marselleses es *L'Hermite,* aunque también nos lo encontramos como *Le Pauvre* o *Le Capucin*. Así para Conver (1760) será *L'Hermite,* mientras que para Chausson (1736) será *L'Ermite.*

Esta carta representa a un barbudo anciano que camina ayudándose en un bastón seco y de una linterna. Tanto su bastón como su barba, bigote, cara y manos son de color carne. La linterna que sostiene penosamente con su mano derecha parece estar formada por seis caras. El fondo del naipe está sin colorear, pero el bastón nos indica que nuestro pobre hermitaño camina sobre un suelo amarillo estriado. Algunos autores esta carta representaría a Diógenes, que caminaba a la luz del día con una linterna encendida «en busca del hombre». Al menos simbólicamente, esta interpretación nos parece del todo correcta, pues al fin y al cabo el Hermitaño es el hombre en busca de sí mismo, y a través de las penalidades de la vida, realiza una peregrinación hacia sí mismo.

Lychnocausia - sive Moralia facum emblemata - lights, morall emblems (1638)

Oso y ermitaño

Esta carta también presenta alguna similitud con el arcano sin número, llamado El Loco o *Le Mat.* Se trata siempre del hombre que camina penosamente en este bajo mundo, apoyado en el bastón seco y sin vida. Sin embargo, el Hermitaño dispone de una linterna, cosa que el Loco no tenía.

Aunque pequeña, tiene una luz que le alumbra el camino. La bestia que veíamos en el Loco no aparece tampoco en esta carta, pues el Hermitaño ha renunciado a los placeres de la carne, a la Mala Inclinación; pero no deja por ello de ser un hombre que deambula sin rumbo, que camina como un ciego alumbrándose solamente con la lámpara roja, o sea guiándose por su sentido carnal y no por una luz superior.

Tarot de Conver (1760)

Tarot de Chausson (1736)

La palabra «ermitaño» procedente del griego *eremites*, que deriva a su vez de *eremos*, «desierto». Esto nos lo podría estar indicando el color amarillento de la arena del suelo del naipe. El Hermitaño es un peregrino que camina por el desierto de este mundo. En el Tarot revolucionario de François Isnard (1794), antieclesiástico (recordemos que no tiene ni Papa ni Papisa), El ermitaño aparece como El Pobre, con falta de ortografía incluida.

Il Vecchio
Tarot de Rosenwald

Tarot de François Isnard (1794)

Tarot de Pellerin (1830)

En el Tarot de Pellerin (1830), El Hermitaño recibirá el nombre de *Le Capucin* («El Capuchino») y tanto sus sandalias como el cinturón y la saya evocarán más claramente el estado monacal de nuestro personaje, que también se conoce con nombres tan dispares como *Il Gobbo*, «El Jorobado» (¿Una alusión al famoso Quasimodo?). En el Tarot de Rosenwald, El Hermitaño recibirá la denominación de *Il Vecchio, y* es notable la joroba que luce.

En el Tarot de Giovanni Vachetta (1893) será *L'Eremita*. Más artístico e imaginativo probablemente por la época, presenta una disposición diferente de los elementos simbólicos del arcano. En el Tarot François Isnard (1794) en el de Besanzón de Jerger (1801) la joroba es más que evidente.

Tarot de Jerger (1801)

Tarot de Giovanni Vachetta (1893)

En astrología se considera que la Casa IX es la de los viajes. Esta Casa también hace referencia a los pensamientos elevados, a la filosofía y a la espiritualidad, y se aplica perfectamente a nuestro personaje. En la astrología medieval se la consideraba la Casa de las Peregrinaciones.

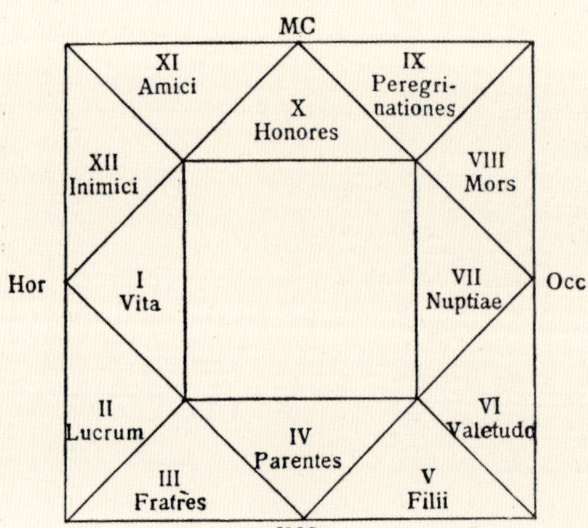

Abb. 3. Quadratur des Kreises der zwölf Orte.

Carta Astral

Se trata de la Casa que se halla después de la Casa VIII, que representa a la muerte y está antes de la Casa X, que representa el éxito, el honor y la gloria. En latín *exitus* significa «salida» y tanto «honor» como «gloria» hacen alusión al cuerpo glorioso de los iniciados.

Una imagen de Pieter Bruegel denominada *El Misántropo* nos permite asociar al Ermitaño con *le Mat* o el Loco. En ella podemos ver a un energúmeno utilizando el fuelle característico del Loco contra las partes bajas de nuestro misántropo, un monje que recuerda muchísimo al capuchino que acabamos de ver y que camina descalzo y con el rostro cubierto por una capucha. Tampoco carece de interés el grabado de Teodoro de Bry que aparece en su *Proscenium vitu humanu, siue Emblematum secularium (1627),* prácticamente idéntico al de Bruegel.

Proscenium vitu humanu, siue

Emblematum secularium (1627)
El Misántropo, Bruegel

En unos bellísimos *Minchiate* italianos, la situación de nuestro personaje es aún más patética: está obligado a andar con muletas como en el protoTarot de Rosenwald. En la parte superior del naipe encima de una piedra cúbica, nos encontramos con una flecha y un reloj de arena que nos indican que el paso del tiempo mata. Junto al personaje está un ciervo, símbolo de la fe. Para diversos autores esta carta nos enseña «los estragos del tiempo sobre el hombre».

Ciertamente, nuestro personaje está viejo y no parece que su vista sea excelente. Probablemente esté ciego. ¿Por qué camina con una lámpara? La respuesta podría encontrarse en un conocido pasaje talmúdico (*Meguilah* 24 b) en el que *Rabbí* Iosi le pregunta a un anciano ciego que iba con una antorcha para qué la necesitaba si era invidente. Éste le responde «mientras tenga esta antorcha encendida en la mano, la gente me verá y me salvará de los pozos, las espinas y los cardos».

Minchiate italiano

La explicación esotérica de este pasaje es muy sencilla: en este mundo caído todos estamos ciegos, pero disponemos de la *Torah*, que para los cabalistas es luz, para que podamos guiarnos en nuestro peregrinar. Otros, más esotéricos, sostienen que si disponemos de *Torah*, que es luz; aunque no la veamos, los ángeles sí la ven y acuden en nuestra ayuda.

Como el Loco, o sea el hombre común y mortal, el Hermitaño camina inexorablemente hacia la tumba. Esto lo podemos apreciar en el grabado siguiente donde la misma muerte lo está acompañando de la mano mientras lo distrae con una música de xilófono. En otro grabado tomado de *La danse des morts, pour servir de miroir, à la nature humaine* (1786) la música la toca con un tambor y unos huesos.

En otro curioso grabado, que también procede de una Danza de la Muerte, en este caso danesa, lo vemos con el rosario y con un bastón en el que un crucifijo nos está escondiendo una letra Y. A propósito del simbolismo de esta letra, vale la pena releer el capítulo dedicado al arcano número VI, Los Amantes. Este mismo rosario aparecerá en otros tarots antiguos, como el de Catelin Geoffroy (1557).

La danza de la Muerte,
grabado danés

Tarot de Catelin Géoffroy (1557)

Tarot italiano de Giovanni Maria Mitelli

Boecio, De consolatione philosophiae

X - La Rueda de la Fortuna o La Roue de Fortune

Este arcano describe a la célebre Rueda de la Fortuna, un motivo muy popular durante toda la Edad Media, y podemos distinguir en él seis radios y tres personajes. Como veremos más claramente en algunos grabados esta rueda es en realidad un timón que nos enseña que el modo en que conduzcamos nuestras vidas determinará nuestro destino. Las tres criaturas que aparecen en ella son francamente ridículas, la de la izquierda es una especie de simio que parece caerse; el de la derecha un extraño animal con garras y una gran cola que parece estar ascendiendo mientras que el personaje del centro es una esfinge, alada y coronada, también con cola, que sostiene orgullosamente una espada con su mano izquierda. El aparejo de madera que sostiene la rueda suele ser de color amarillo; la manivela que la hace rodar, de color blanco, y la rueda, de color carne. El suelo, también de color carne, está estriado por lazos negros. La diosa *Tyche* griega presidía el destino humano y era la personificación de la fortuna.

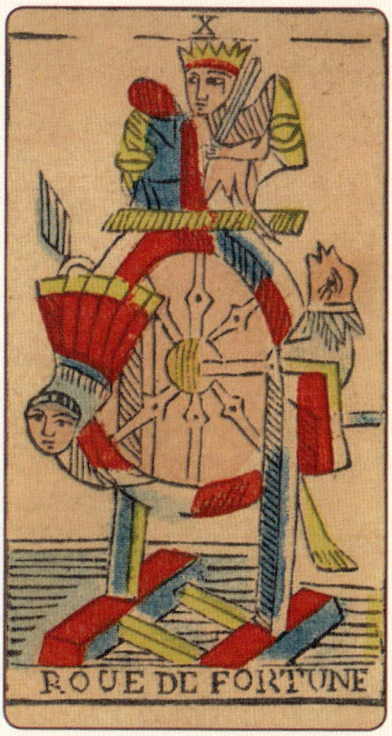

Tarot de Berenger (1830)

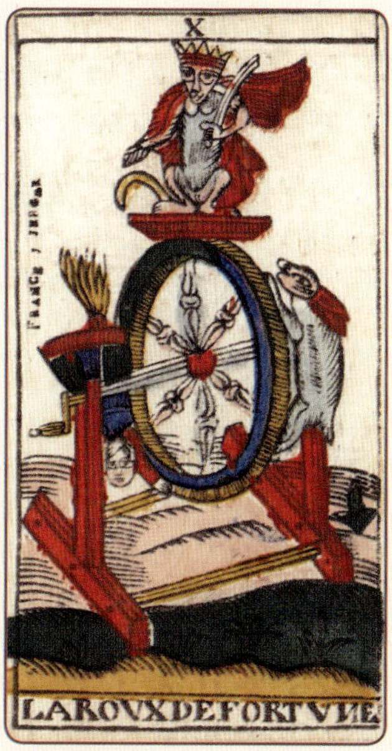

Tarot de Jerger (1801)

Observemos que en el Tarot de Jerger (s. XIX) la palabra *roue* está mal escrita y nos encontramos con *roux*, que significa «pelirrojo».

Tarot de Rosenwald

La Fortuna (s. XIX)

A Fortuna se la ha representado como una mujer con los ojos vendados y entre sus atributos se cuentan el timón, que tiene forma de rueda, y la cornucopia, el famoso cuerno de la abundancia. En ocasiones se la ha representado calva o con un solo pelo e incluso ciega. También podemos verla con un Sol y una Luna sobre su cabeza.

Los autores cristianos, particularmente san Agustín, condenaron el culto a la diosa Fortuna, e incluso le atribuyeron un rol diabólico, pero Fortuna acabó siendo cristianizada y convertida en lo que se conocer como la Providencia divina. Fue presumiblemente Boecio (*De consolatione philosophiae* II-2) el primero en representar a Fortuna por medio de la rueda que todos conocemos. Una bella representación de Fortuna sacada del libro de Boecio aparece al inicio de este capítulo.

Lo que primero apreciamos en la rueda como símbolo, es la inestabilidad de la condición humana. Un día estamos en pleno apogeo y al siguiente nos hallamos en caída libre. Pero hay aún más: las cosas se repiten. Es el mito del eterno retorno. Muchos autores la han relacionado con la rueda de las reencarnaciones. Aunque los tres personajes bien podrían representar a las tres edades de la vida: infancia, madurez y vejez.

Ilustración de C. Maradan al libro de Boecio (s. XIX)

Gilles Paris

En el capítulo XI del clásico chino *Tao Te King* podemos leer que «treinta radios se unen en el cubo de una rueda; del vacío (del cubo) surge la utilidad de la rueda». Ese vacío está situado exactamente en el punto central de nuestra carta. En el grabado de Gilles Paris lo vemos asociado con la Virtud, un camino del medio por el que nos exhorta a ir.

En un manuscrito del siglo XII aparece una Rueda de la Fortuna con cuatro personajes. El de la derecha dice: *Spes, regnabo*, «Esperanza, reinaré»; el de arriba: *Gaudium, regno*, «Alegría, estoy reinando»; el de la izquierda, que está bajando: *Timor, regnavi*, «Temor, he reinado», y el cuarto personaje, que ha caído de la rueda, está fuera de ella: *Dolor, sine regno*, «Dolor, estoy sin reino».

Alberto Durero

Lorenzo Spirito, Le Livre des passe temps de Fortune *(Ginebra 1510)*

En la obra de Lorenzo Spirito titulada *Le Livre des passe temps de Fortune* (Ginebra 1510), podemos ver en la cúspide de la rueda al rey en su apogeo, con su cetro y su corona, pero con unas flamantes orejas de asno. En el de Hans Weiditz es incontestablemente un burro coronado.

Hans Weiditz (s. XVI)

Hans Weiditz (s. XVI)

Johan Ebermeier (1653)

Un grabado de Hans Sebald Beham de la página siguiente que representa a la Rueda de la Fortuna presenta una curiosa similitud con el arcano n.º XX, El Mundo. Aparecen un ángel alado que representa a la Fortuna y la bola del mundo.

Así como hay dos destinos, también hay dos fortunas. El Rabino de Vidas, ilustre cabalista de la escuela de Safed, en su *Reshit Jojmah* nos enseña que «la *Shekinah* lleva el nombre de "rueda", porque es por ella que encarnan las almas». Éste es el buen destino, el de la presencia divina.

Hans Sebald Beham (1541)

Achillis Bocchii Bonon, Symbolicarum quaestionum, de universo genere (1751)

Se ha representado a Fortuna como una mujer con los ojos vendados y entre sus atributos más habituales se cuentan el timón y la cornucopia.

Tarot italiano (s. XVI)

Tarot de Lombardía

Girolamo Ruschelli,
Le imprese illustri *(1566)*

Novum tres inter deas, Junonem, Venerem et Palladem (1694)

Minchiate florentino

Para enseñarnos que la Fortuna no es algo que llega de repente, sin esfuerzo, algunas representaciones la asocian con una tortuga, animal que, para los antiguos, simbolizaba el tiempo.

En un bellísimo *Minchiate* florentino también podemos apreciar que el rey, con su cetro y su bola del mundo, es en realidad un asno sometido a la fortuna. Sin embargo, el sabio, que está con un libro en la mano, observa cómo los necios ascienden y descienden por la rueda.

En *Le Pègme*, un bello libro de emblemas de Pierre Cousteau, vemos asociada a la rueda con el Colgado, en este caso representado por una mujer desnuda. Discretamente Cousteau nos propone la letra Y en cuya izquierda se encuentra el desgraciado personaje y en cuya derecha aparece representada la rueda.

Un bello ejemplo de Rueda de la Fortuna lo podemos encontrar en un curioso Tarot italiano del siglo XVI conservado en Ruan. La imagen nos muestra a la Fortuna, que todo lo domina, rodeada de sus siete hijos. En la antigua Roma se la consideraba la diosa de la suerte, y es que suerte y fortuna siempre han estado asociadas.

Pierre Cousteau, Le Pègme *(1650)*

Bottichelli, Fortitude, *galería de los Uffizi*

XI - La Fuerza o Force

Nos encontramos en esta carta con un personaje femenino que mantiene abiertas las fauces de un león aparentemente sin hacer esfuerzo alguno. El cuerpo del animal, del que únicamente vemos las fauces y el pelaje, parece estar como fundido con las ropas del personaje femenino. Esto nos indica que de alguna manera procede de él, que la fuerza simbolizada por el león proviene de la mujer, y lo hace desde una zona del cuerpo muy concreta, lo cual delata a qué fuerza se refiere. Esta mujer aparece descalza y el león es amarillo o dorado, contrastando con el vestido de nuestro personaje. El sombrero de nuestro personaje recuerda mucho al del Mago, *Le Bateleur*. Nos hallamos ante la fuerza del mago, la fuerza mágica.

Este sombrero presenta una particularidad: está acabado en sierra. Para los alquimistas, la sierra representaba el disolvente universal. Por otra parte, la sierra, que aparece en numerosas representaciones del románico, representaba a la fuerza purificadora del agua.

Tarot de Noblet (1651)

Tarot de Berenger (1830)

En el Tarot de Noblet (1651) no cabe duda de que el animal es un león, pero en otras barajas, por ejemplo en la de Berenger (1830), se parece más a un lobo. Este animal representaba. según Dom Pernety, al antimonio. En ambas cartas es de destacar la falta de esfuerzo por parte del personaje femenino. ¿Una alusión a la gran obra de los alquimistas que, según estos, era como «un trabajo de mujeres»? En estas dos barajas nuestra carta no recibe el nombre de *La Force*, «La Fuerza», sino el de *Force*, «Fuerza».

Alciato, Emblemata (1531)

Jacobus Typotius,
Symbola divina et humana (1601)

La fuerza se ha asociado siempre con el león, ya que este animal está considerado el rey de las bestias y quizá el más fuerte de los animales. La imagen femenina que abre las fauces de un león que simboliza a la Fuerza representa discretamente a la fuerza sexual. Esto se deduce, como acabamos de ver, del hecho de que este león sale precisamente de la entrepierna del personaje.

En la mitología clásica, la Fuerza está representada por Hércules abatiendo al León de Nemea. En la iconología bíblica se asociaría con Sansón.

Para los antiguos, la Fuerza coincidía con la Fortaleza, una virtud cardinal (junto a la Prudencia, la Justicia y la Templanza). Cabe destacar que estas dos últimas coinciden con el arcano del Tarot que ostenta el mismo nombre. La Fortaleza no es la fuerza física, sino moral.

Si nos fijamos en los Tarots más antiguos, veremos que muchas veces no nos encontramos con un león, sino con una columna, símbolo de fortaleza. Y en algunos, sin embargo, conviven la columna con el león. En el Tarot de Rosenwald, la Fuerza está representada por una mujer de pie agarrada a una columna, y en el Tarot de Carlos VI encontramos a la Fuerza rompiendo una columna sin hacer el más mínimo esfuerzo. Su vestido verde evoca a la fuerza de la naturaleza.

Tarot de Carlos VI (s. xv)

Tarot de Rosenwald

Tarot de Mantegna

Un bello ejemplo de columna nos lo ofrece el Tarot de Mantegna, en la carta n.º XXXVI, en la que tampoco falta el león. Incluso el personaje femenino, que sin hacer ningún esfuerzo está rompiendo la columna, lleva un sombrero que evoca la cabeza de un león. En hebreo «columna» se dice *amud*, de una raíz que significa «detenerse», «sostenerse» e incluso «triunfar». En el Tarot de Rosenwald su asiento recuerda mucho a la piedra cúbica que vimos en el arcano n.º VII, El Carro, y evoca a la piedra de fundación que está en la base del Templo.

Como el arcano n.º II, *La Papesse* o La Papisa, éste puede asociarse con la letra hebrea *Beth* (ב) que, como la boca del león es «abierta» por el sabio cabalista

Hemos visto que el león representa discretamente a la fuerza sexual. Correspondiendo a la Casa V de la astrología se le puede asociar al amor. Son numerosos los motivos que asocian a la fuerza con el amor, que «lo vence todo».

El amor lo vence todo

Cartari, Le Imagine degli Dei degli antichi, (1608)

La Fuerza o la Fortaleza coincide también con la idea de «coger al toro por los cuernos» o «agarrar al toro por las astas». Fijémonos en el grabado de Cartari que el personaje que lo hace tiene cara de león.

La relación entre la columna y el león bien podría venir de Sansón, que derrota a un león con sus propias manos, pero también destroza las columnas del templo de los filisteos. El nombre de Sansón, en hebreo *Shimshon* (שמשון), procede de *Shemesh* (שמש), que significa «Sol». Es la fuerza solar, la fuerza de la vida, y también corresponde a la Casa V de la astrología. En el antiguo Egipto una columna o pilar denominada *djed* se relacionaba con Osiris, a su vez asociado con el Sol, y tenía el sentido de fuerza y estabilidad.

Tarot de Bernandin (1839)

En el Tarot de Bernardin se ve muy clara la sierra del sombrero del personaje de la Fuerza. Como la sierra que aparecía en el libro de la Papisa, representa al agua, e incluso, dentro del simbolismo cabalístico, a la *Torah*, que el profeta Isaías (LV-1) compara con el agua. La Fuerza se asocia también con la perseverancia. Se ha dicho que «el agua taladra la roca no por su fuerza, sino por su constancia». Se cuenta que Rabbí Akiva vio caer gotas de agua sobre una piedra. Y con el paso del tiempo, vio que el agua había perforado la piedra. Esta visión fue una revelación. Rabbí Akiva se dijo a sí mismo:

> Si el agua, que es tan suave y delicada, puede perforar la dura piedra, no hay razón para que la *Torah* no penetre en mi mente. Sólo necesito persistir.

Esta idea se encuentra también en el taoísmo. En el *Tao Te King* (LXXVIII) podemos leer:

> Nada hay en el mundo más inconsistente y débil que el agua; sin embargo, corroe lo que es duro y fuerte, nada puede resistirla ni sustituirla.

La sexualidad del hombre caído, nos enseñan los maestros, es una sexualidad *muda*. Ya vimos que *le Mat* o el Loco es un hombre *mudo*. Abriéndole la boca al león, el personaje femenino de la Fuerza le está permitiendo hablar. El *Verbum mutus* se convierte en palabra articulada (por el arte).

Tarot de Vanderborre (1760)

XII - El Colgado o Le Pendu

La carta del Ahorcado, El Colgado o *Le Pendu,* es una de las más interesantes de todo el Tarot. En varios mazos tradicionales nos presenta a un joven de cabellos azules (en otros, como el de Héri o el de Rochus Schar, son rubios), colgado de un madero que aguantan dos árboles aparentemente secos, a pesar de estar plantados sobre un suelo fértil. Los zapatos del personaje, así como su pechera, también son de color azul, pero sus mangas y una de sus piernas son de color rojo. La forma de sus piernas nos recuerda a la del personaje del arcano n.º XXI. El Mundo o *Le Monde*, e incluso al arcano n.º IIII, el Emperador.

Considerado desde el punto de vista astrológico, no deja de ser curioso que el personaje que vemos en este naipe no esté colgado por el cuello, sino por el pie, parte del cuerpo que corresponde al signo de Piscis y a la Casa XII, precisamente el número de este arcano. Si nos fijamos en los dos árboles que sostienen el madero de donde pende el personaje, veremos que han sido podados de seis ramas de cada uno, en total 12.

Tarot de Héri (1718)

Tarot de Rochus Schar (1750)

Alciato, Emblemata (1531)

Sebastian Brandt,
La nave de los locos (1494)

El Colgado, como el Loco, representa al hombre caído que está bajo el influjo de los astros, los doce signos astrológicos. Como ocurrirá con el Hermitaño, es un idólatra que, en vez de seguir al buen maestro, sigue su propio criterio condicionado por las estrellas. En la imagen de la página anterior, que representa una carta astral, vemos que el personaje central también está colgado de un pie. Es la imagen de un traidor.

Una de las representaciones más antiguas que tenemos del Colgado, anterior incluso a los primeros Tarots, es la que aparece en los célebres *Emblemata* de Andrea Alciato (1531). El personaje parece estar colgado del carro de Faetón por su pierna izquierda, aunque en realidad también podría estar cayendo de él. En *La nave de los locos* de Brandt también encontramos a un personaje que corresponde exactamente a nuestro Loco, que parece caerse de un árbol o estar atado a él.

En la Capilla Bolognini en San Petronio (Boloña) se representa una figura idéntica en un fresco de Giovanni da Modena, como pena de talión para los idólatras. Si bien el castigo de ser colgado de un pie se representa en muchas obras gráficas, este fresco es el único ejemplo conocido en que, según el investigador Andrea Vitali, la imagen del Colgado coincide sorprendentemente con la carta homónima del Tarot. El talión nos remite de nuevo al talón, o sea a Jacob, de quien proceden las doce tribus.

Capilla Bolognini (Bolonia)

También se relaciona al Colgado con el apóstol Simón, más conocido como Simón el Zelote, que según la tradición fue martirizado. Es bien conocido el grabado de Lucas Cranach (1539) que representa este martirio.

Lucas Cranach, Martirio de Simón el Zelote *(1539)*

Se solía colgar a los traidores, como podemos apreciar en el grabado de Pierre Cousteau, que ya vimos y que nos regala también unos huesos, una calavera y unos cuervos. El de Gelonius nos describe las torturas y los tormentos que se hacía padecer a los traidores.

Pierre Cousteau, La Pègme *(1650)*

Gelonius, Torturas y tormentos a los traidores

En los Tarots italianos esta carta recibe el nombre de *Il Appeso*, o *Il Impiccato*, literalmente «El Colgado». Su posición es la de una antigua forma de tortura: estar colgado boca abajo por un pie, con las manos atadas a la espalda. Desde principios del siglo XVI este tipo de tortura se aplicaba a los traidores. En el Tarot italiano, *l'Appeso* no parece estar sufriendo, su rostro más bien expresa sorpresa.

Catelyn Geofroy

L' Appeso *(Tarot italiano)*

También podemos asociar este arcano con el famoso «Sueño de Jacob». El sueño de Jacob es la clave del Tarot, como ya sugerimos en *El Tarot Esotérico.*[39] La Baraja, que nos lleva a *Berajah,* conecta fonéticamente con *Barekah*, «amanecer», «lucero del alba». Sabemos, por la Cábala, que Jacob simboliza al hombre celeste y el color que, simbólicamente, se le atribuye es el azul. Por otra parte, se lo relaciona con el número 12, pues él fue el padre de las 12 tribus. El número 12 nos lleva a la duodécima letra, la *Lamed* y al arcano XII, El Ahorcado. Éste es un extraño ahorcado, pues no lo está por el cuello, como correspondería, sino por el talón. Y curiosamente en hebreo *akav*, «talón», es la raíz etimológica del nombre Jacob.

La interpretación que habitualmente se da de este naipe es francamente descorazonadora: sacrificio, fracaso, pérdida. Sin embargo, recalquemos que el personaje está particularmente alegre: nada de dolor, ni un ápice de sufrimiento. Como hemos dicho anteriormente, el número XII se ha relacionado con la duodécima letra del alfabeto hebreo, la letra *Lamed*, que significa «aprender». Según

39. Ver Julio Peradejordi *El Tarot esotérico*, 5ª edición, Ediciones Obelisco, Barcelona, 1999, pág. 13 y ss.

el gran cabalista Rabbí Itzjak Ginsburgh representa «El corazón de un hombre sabio ascendiendo para comprender».

Tarot de Burdel (1751)

Tarot de Carrajat (s. XVIII)

Un Tarot poco conocido, el Tarot de Carrajat, un Tarot marsellés editado en Chambéry, coincide con los anteriores y con el de Héri, y además de aparecer el personaje invertido, también el número del arcano está invertido. Así, en vez de el XII nos encontramos en él con un IIX.

Tarot de Héri (1718)

Filipino Lippi

El Colgado, alguien que aparentemente está padeciendo una tortura, no está ni triste ni enfadado, más bien parece estar contento. Esta alegría se ve tanto en la sonrisa como en los ojos de los colgados de los dos Tarots que mostramos más arriba, el marsellés de Burdel (1751) y el de Carrajat de Chambéry (s. XVII). Este naipe se ha relacionado con las dos columnas del árbol de la vida de la Cábala, y los diez botones de la chaqueta del Colgado con las diez *Sefirot* (esferas).

El personaje que aparece en este naipe se ha dado la vuelta (en Cábala se diría que «ha hecho *Teshuvah*») para entrar en ese final que para algunos (uno o dos por siglo) es un principio, pasando por la experiencia culminante que lo llevará a lo que simboliza el arcano XVII, La Estrella. La letra *Lamed*, cuyo valor numérico es 12, es la inicial de *Lev*, «Corazón». En la astrología esotérica se considera a la Casa XII como el final de trayecto. Salir de la Casa XII es entrar en otra dimensión. Traduciéndolo al lenguaje de la Cábala, las doce primeras Casas representarían a este mundo, el *Olam haBa*, y después sería el *Olam haBa*, el mundo por venir.

Una curiosidad que aparece en el Colgado también la encontraremos en otros arcanos (por ejemplo el XV, El Diablo): si nos fijamos qué hay en el centro del naipe, vemos que son las partes sexuales del personaje. ¿Por qué hace hincapié el maestro imaginero en este punto? Sin duda se trata de uno de los grandes secretos del Tarot.

Tarot de Pierre Madénié (1709)

Hay dos razones por las que un hombre es colgado: por traición o por idolatría. En el fondo la idolatría es como una traición al Dios verdadero. Sin duda la idolatría más extendida es la idolatría al dinero. Ésta está claramente representada en el protoTarot de Rosenwald:

Tarot de Rosenwald

Minchiate florentino

En este naipe podemos ver que el Colgado podría liberarse fácilmente de la soga si soltara las dos bolsas de dinero que agarra con sus manos. Terrible evocación de nuevo del hombre caído cuyo apego a los bienes de este mundo mantiene prisionero. En el grabado siguiente, en vez de dos bolsas veremos dos racimos de uvas, pero el maestro que nos lo ha dejado nos muestra claramente quién ha colgado a nuestro personaje: la mismísima muerte, o sea el arcano siguente.

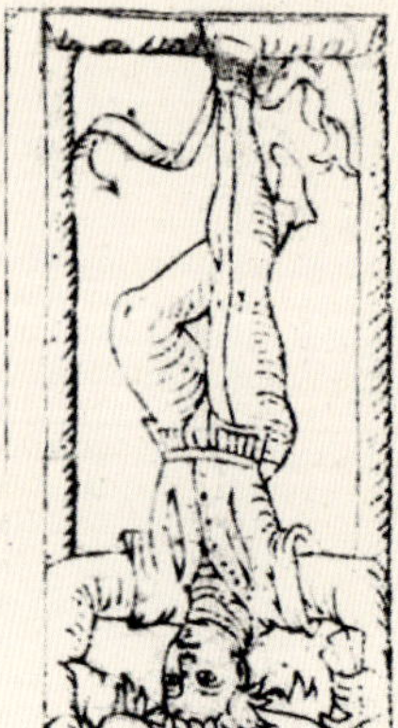

Tarot Rothschild

Es importante reflexionar por qué este arcano está colocado antes del n.º XIII, La Muerte.

Nuestro colgado nos está enseñando algo: lo que hay que hacer antes de morir, *Teshuvah*.

Resulta interesante señalar una coincidencia entre esta carta y la siguiente que ha pasado desapercibida a la mayoría de comentaristas. El esqueleto de La Muerte presenta una curiosa semejanza con El Colgado. Parecería que con el peso se ha roto el tobillo y el esqueleto de La Muerte que aparece en la mayoría de Tarots tradicionales suele carecer de uno de los pies, generalmente el izquierdo.

Gelonius, *Torturas y tormentos a los traidores*

Trionfo della morte a Clusone, *Val Seriana, Italia.*

XIII - La Muerte o La Mort

Tarot de Noblet (1650)

Podemos apreciar en esta carta en el Tarot de Marsella a un tétrico esqueleto color carne, armado de una gran guadaña de mango dorado y filo colorado, sobre un campo negro en el que aparecen dos cabezas, pies y huesos humanos. Vemos también en algunos Tarots unas cuantas matas de plantas azules o incluso negras, colores que no aparecerán en plantas en ningún otro arcano del Tarot. Tan claro es el significado de este naipe, que no necesita tener nombre: se refiere a la muerte. Por otra parte, se considera que nombrar a la Muerte, como a la Bicha, trae mala suerte. ¡A la muerte ni nombrarla!

Tarot de Lequart (1748)

Esta carta también recibe el nombre del Guadañero. Parecería que la guadaña ha separado al personaje masculino (del que sólo se ve su cabeza coronada) del femenino, cuya cabeza está a la izquierda pisoteada por la Muerte. Se trata de la separación de dos principios, pues la cabeza es el símbolo del principio. En hebreo *rosh* (ראש), «cabeza», y *reshit* (רשית), «principio», pertenecen a la misma familia etimológica. Notemos que el personaje que está simbolizando la muerte es cojo en la mayoría de Tarots: le falta el pie izquierdo. Por esta razón se trata de una muerte lenta, que avanza silenciosamente. Tal es la vida del común de los mortales: una muerte lenta, silenciosa y corrosiva, un martes al cotidiano e inconsciente de su vida. Quizá de aquí proceda la superstición de que no hay que «levantarse con el pie izquierdo».

Como escribe René Guénon en su libro *El rey del mundo* (Cap. VII):[40] «La misma palabra *luz* es también el nombre dado a una partícula corporal indestructible, representada simbólicamente como un hueso muy duro, y a la cual el alma permanecería ligada después de la muerte y hasta la resurrección, como el hueso de la almendra contiene el germen, y como el hueso corporal contiene la médula, esta *luz* contiene los elementos virtuales necesarios a la restauración del ser; y esta restauración se operará bajo la influencia del "rocío celeste", que revivifica las osamentas desecadas».

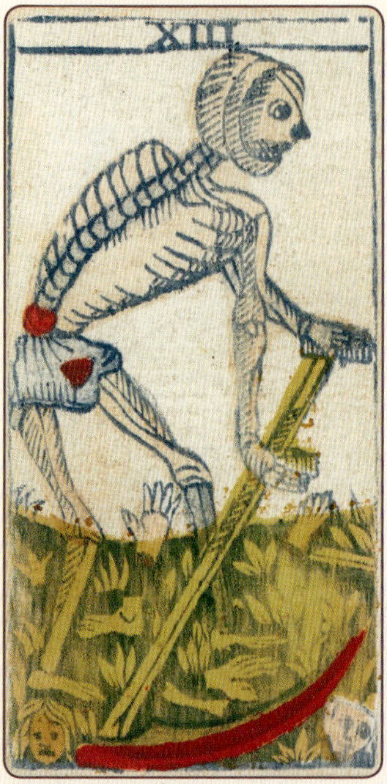

Tarot de Amphoux (1793)

Ya vimos al hablar del Loco o *Le Mat* que lo que simboliza el perro coincide con lo que en el judaísmo se conoce como «la Mala Inclinación», que «quiere literalmente volver al hombre loco»,[41] y que también se relaciona con el número 13, ya que se considera que los niños no están bajo su dominio hasta que cumplen 13 años. Entonces se les hace lo que se conoce como *Bar Mitzvah*. Se convierten en «hijos del precepto».

Dos son los números que tradicionalmente se relacionan con la muerte, el 13, por corresponder a la inicial de *Mavet* (מות), «muerte», y el 8, que en astrología corresponde a la Casa VIII, la Casa que rige la sexualidad y la muerte. Curiosamente las dos ceremonias más importantes por la que pasa un niño judío tienen lugar una a los 8 días de su nacimiento[42] y la otra cuando cumple los 13 años. Ambas ceremonias tienen que ver con la Mala Inclinación y con la sexualidad.[43] No deja de ser interesante señalar que la suma de 8 y 13 nos da 21, el número de arcanos mayores numerados del Tarot.

40. *El Rey del Mundo*, Ediciones Obelisco, Rubí, 2021.

41. *Rabbí* Najman de Breslev, *Likoutei Moharan* I-5.

42. Se trata de la *Brit Milah*, o «circuncisión».

43. La circuncisión sirve para quitar el prepucio que, simbólicamente, se relaciona con una sexualidad bestial, y el *Bar Mitzvah* con el despertar del instinto sexual en el adolescente.

Lübeck, De dodendans

En los *Minchiate florentinos* la Muerte aparece montada a caballo blandiendo ferozmente su guadaña.

La Muerte llega cuando menos se la espera y entra por donde menos se la espera, puede hacerlo incluso por la ventana, como podemos ver en el grabado de Albertinus Aegidius. Hermana del sueño, en hebreo *Jalom*, se introduce por la ventana, en hebreo *Jalon*. A pesar de ser coja, es capaz de trepar por la escalera.

Además de ser hermana del sueño, también lo es de la mentira, que también es coja. De ahí que «se atrapa antes a un mentiroso que a un cojo». Quizá la muerte sea, precisamente, la gran mentira.

Minchiate fiorentini

Albertinus Aegidius (1560-1620)

Emblema Amatoria (1620)

XIIII - La Templanza o Temperance

Nos encontramos con La Templanza, la Sofrosyne (σωφροσύνη) de los griegos, considerada por Heráclito como «la mayor de las virtudes», con un arcano muy cercano al de La Fuerza. Fortaleza y Templanza son dos virtudes cardinales. Podríamos decir que si una representa a la fuerza física, exterior, la otra representa a la fuerza moral, interior. Esta carta representa a una mujer angélica, lo vemos por sus alas. En muchos Tarots su vestido es azul y rojo, su cabello azul y sus alas color carne. Está vertiendo agua de un ánfora o una jarra azul a otra roja. Sus rizos le caen graciosamente sobre los hombros y lleva una flor de cinco pétalos, conocida también como Pentagrama, en el centro de su cabeza, justo encima de la frente.

Tarot de Arnoult (1748)

Tarot de Chausson (1736)

Dado el color de las ánforas, parece como si el ángel de la Templanza estuviera vertiendo la quintaesencia celeste en el recipiente terrestre. Que se trata de una quintaesencia, nos lo indica la flor de cinco pétalos que la mujer lleva sobre la cabeza.

Temperantia,
Minerva Britanna, (1611)

Georges Paradin,
Théâtre des bons engins (1539)

Edward Burne-Jones,
Temperantia (1872)

Templanza es sinónimo de equilibrio y moderación. El azul o el blanco y el rojo corresponden en la Cábala a la Misericordia y al Rigor o la Ira. La jarra azul se encuentra más arriba que la roja, quizá para indicarnos que la gracia o la misericordia ha de superar al rigor o a la ira para que exista el equilibrio. En este caso, la dulzura de la gracia está templando y dulcificando el rigor.

Espiritualmente, este equilibrio parece ser el resultado de la contemplación que, como su etimología –la misma que la de la palabra «templanza»– indica que se realiza en el interior, en el secreto del templo.

Otra interpretación cabalística del sentido oculto de este naipe sería que la jarra que se encuentra más arriba correspondería a la denominada Buena Inclinación, que derramada sobre la Mala Inclinación la bonifica y apacigua. La Mala Inclinación está representada por el fuego, como podemos apreciar en la inspirada pintura de Edward Burne-Jones.

Giovanni Andrea de Ferrari (1598-1668), La Temperanza

Entre la Muerte y el Diablo, la Templanza es una virtud cardinal que se relaciona con la moderación. Para el cristianismo hay que moderar los apetitos y el uso excesivo de los sentidos. Sería un poco lo que hoy en día se conoce como autocontrol. De hecho, *sôphrosune*, que se traduce como «templanza», significa principalmente autocontrol.

La raíz etimológica de *Temperantia* está relacionada con dos conceptos importantísimos a nivel simbólico: el Templo y el Tiempo. En una pintura de Ambrogio Lorenzetti podemos ver a la Templanza con un reloj de arena.

Gilles Corrozet, Hecatomgraphie *(1540)*

Ambrogio Lorenzetti, Templanza *(1340)*

La palabra Templo procede del latín *Templum*, que a su vez viene de una raíz indoeuropea que significa «cortar», «tallar». El Templo se construye con piedras talladas. Esta palabra está relacionada con el Tiempo, en latín *Tempus*, palabra que se refiere a la situación propicia.

Tarot de Beltramo (1800)

Tarot de Héri (1718)

Si nos fijamos bien, tanto en el Tarot de Héri como en el de Beltramo, podemos apreciar en el cuello de nuestro ángel una sierra similar a la que veíamos en La Papisa o en el sombrero de La Fuerza. De nuevo, nos encontramos con el agua de la gracia capaz de templar a la Mala Inclinación.

Tarot de Conver (1760)

El Tarot de Mantegna nos regala una bellísima representación de La Templanza, que está embarazada. Los recipientes que utiliza son de oro y el perro que se encuentra a sus pies está contemplándose a sí mismo en un pequeño charco.

Temperancia (Tarot de Mantegna)

Diablos, *manuscrito francés s.* XV

XV - El Diablo o Le Diable

Esta carta representa a un cornudo personaje medio desnudo, con alas parecidas a las de un murciélago, de color azul o rojo dependiendo de la baraja. Sus manos y sus pies tienen forma de garras, y son de color carne sombreado.

Con la mano izquierda sostiene una espada que no tiene mango. Se trata del Diablo, que está sobre una bola color carne, encima de un yunque al que están atados por el cuello con una gruesa cuerda dos personajes cornudos. El de su izquierda es un macho y el de su derecha una hembra. El fondo del suelo de esta carta suele ser de color negro, como el del arcano n.º XIII, La Muerte.

Tarot de Arnoult (1748)

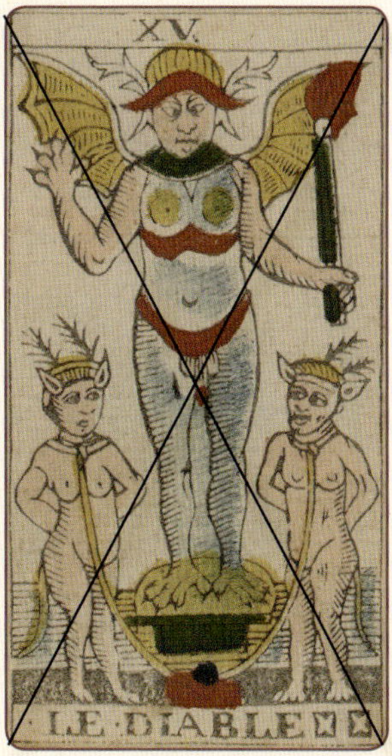

Tarot de Bourlion (1768)

Para algunos autores la figura central de este arcano representaría a Plutón, el dios de los infiernos, para otros se trataría de Tifón, el enemigo de Osiris. Sea como fuere, el nombre mismo de la carta nos da fe de ello, se trata del Diablo.

El Diablo es la separación. El Diablo tiene a Adán y Eva separados, completamente bestializados, y atados a un yunque. El yunque y la espada nos indican la naturaleza marciana de este naipe, es decir, la agresividad y la corrosividad del Diablo o de la fuerza representada por él. Con la espada que, como podemos observar, carece de mango, ha separado a Adán y Eva, que estaban unidos. Sus orejas y su cola indican que han caído en un estado animalizado, y el sombrero cornudo que está sobre sus cabezas alude a su pecado adúltero.

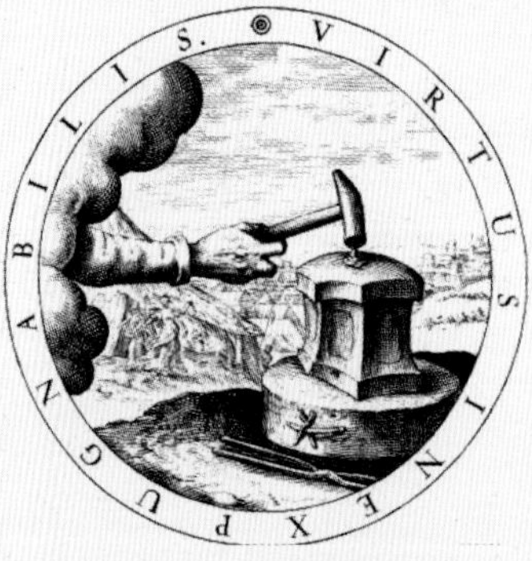

Gabrielis Rollenhagii, Selectorum emblematum centuria secunda (1613)

Piccinelli, Mundus symbolicus (1719)

ס

Letra *Samej* (ס)

New Poetisch Hoffnungs Gärtlein Johann Ebermeier, Tübingen (1653)

El que está a la izquierda parece estar muy triste, mientras que el de la derecha, es una hembra alegre, ya que está sonriendo.

El yunque representa la vida a la que están destinados nuestros dos personajes: una vida de golpes y contrariedades que servirá para forjarlos interiormente.

Ya dijimos, cuando nos referimos a los arcanos y las letras hebreas, que se adivina la forma de una letra *Samej* (ס), la decimoquinta del alfabeto hebreo, en las dos cuerdas que atan a los personajes al yunque. Por otra parte, *Sadan* (סדן) es una palabra hebrea que recuerda fonéticamente a Satán y comienza por la letra *Samej* (ס), que significa «yunque».

Adán y Eva, o los dos personajes que aparecen en este arcano, no pueden ejercer el amor, pues los dos están prisioneros y maniatados por el Diablo, que los vigila y amenaza constantemente con su espada. Pero es precisamente esta espada que sostiene tan orgullosamente lo que tendría que recuperar el hombre para cortar la cuerda del destino que le oprime por el cuello. Pero el Diablo difícilmente se la deja arrebatar.

En las interpretaciones cartománticas de esta carta, se la relaciona con la sexualidad. Y efectivamente, nuestro Diablo nos está mostrando, en el centro mismo del naipe, sus partes sexuales, como si estuviera orgulloso de ellas. Señalemos que se encuentran exactamente a la altura de los ojos de sus dos prisioneros.

Los personajes masculino y femenino las están contemplando y parecen pensar: «Esto es lo que nos hizo caer».

Dice un conocido refrán que «en el país de los ciegos el tuerto es rey», y este tuerto es el Diablo, que aparece con un marcado estrabismo en la mayoría de Tarots. Quizá no es exactamente tuerto (a pesar de ser un retorcido), pero sí es bizco. En el de Bourlion (1768) se recalcan sus atributos sexuales, así como su cornamenta (*véase* la página 159). El origen de esta iconografía lo podemos buscar en el Tarot de Rosenwald.

Tarot de Rosenwald

En este curioso protoTarot, el personaje que representa al Diablo aparece con pezuñas, cuernos y un tridente que prefigura la espada que conocemos. Sus ropas parecen hojas, pero más bien serían de una piel de bestia. En la imagen siguiente, tomada de un tarot lombardo, no aparece el yunque y los dos personajes parecen estar atados a las partes del Diablo.

Brujas adorando al demonio

Tarot lombardo

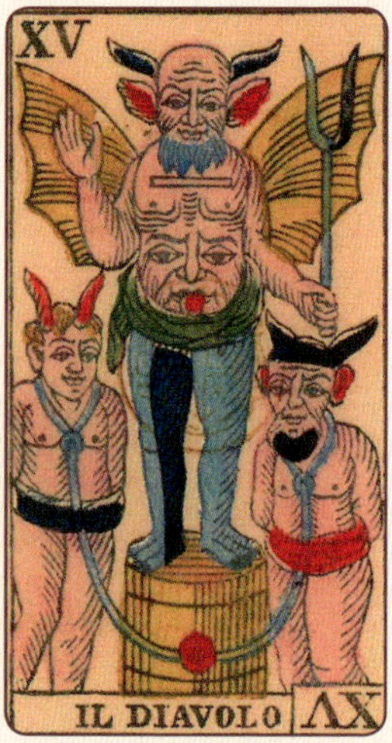

Tarot de Liguria

Observemos que hay 15 manchas de color rojo, como el número de este arcano. Algunos autores han relacionado al Diablo con el Baphomet de los templarios. Poco se sabe de él, aunque no falta quien lo ha relacionado con Mahomet, o sea Mahoma en francés, y otros lo han hecho proceder del Cernunnos céltico.

Cernunnos en el caldero de Gunenstrup

En un Tarot de Liguria poco conocido apreciamos en esta carta dos particularidades. En vez del yunque nos encontramos con un tonel. En vez de garras, el Diablo tiene manos humanas y la espada sin mango es de doble filo.

Para René Guénon «es poco probable que "Bafomet" provenga del árabe "Bahîmah", que los inquisidores del proceso ni siquiera debían conocer, por el contrario podría muy bien ser que proviniera de su equivalente hebreo, es decir del "Behemot" bíblico, y tal vez no debería buscarse en otro lugar la solución de tal enigma…».

Como el Hermitaño, el Diablo es un viejo. Un conocido proverbio sostiene que «más sabe el diablo por viejo que por diablo». Nos viene a decir que a veces es mejor la experiencia del anciano que la astucia del demonio, pero los cabalistas han encontrado en esta asociación diablo/sabiduría una relación oculta que ya señalamos en nuestro libro *Los Templarios y el Tarot*.[44] Haremos un breve resumen.

En hebreo Baphomet se escribe בפומת. Si convertimos esta palabra según el sistema denominado *atbash,* en el que cada letra corresponde a la contraria según el orden del alfabeto, nos encontraremos con lo siguiente:

ב = ש

פ = ו

ו = פ

מ = י

ת = א

O sea las letras que forman la palabra «Sofia» (שופיא), que en griego significa «sabiduría».

También se ha relacionado al Diablo con el dios Saturno, y su espada correspondería a la guadaña de este último.

Saturno

44. Juli Peradejordi, *Los Templarios y el Tarot*, pág. 55 y ss. Ediciones Obelisco, Barcelona, 2004.

La idea popular de que «el diablo tiene mil caras» la podemos ver reflejada en el atípico Diablo que aparece en el Tarot de Vandenborre (1762), un Tarot flamenco que presenta varias diferencias respecto al Tarot de Marsella. A parte de la cola, las pezuñas y los cuernos característicos del demonio, nos encontramos en este naipe con muchas caras y muchos ojos.

Tarot de Vandenborre (1762)

Pierre Haultin (1510-1587)

Decía un sabio que todo el bien que hacemos nos lo hacemos a nosotros mismos y que todo el mal que hacemos también nos lo hacemos a nosotros mismos. Cuando el Diablo hace daño a los hombres, también se está haciendo daño a sí mismo: su hiriente espada no tiene mango y lo lesiona en sus mismas pezuñas. Para los alquimistas esta espada sin mango simbolizaría al volátil, ese mercurio viajero que el Diablo tiene retenido como un tesoro. Ese mercurio viajero ha de acudir en ayuda de la prisionera que se encuentra en el pozo, como vemos en el grabado de Pierre Haultin. Esta última idea queda magistralmente evocada en el grabado de Cartari, en el que un personaje angélico blande una espada sin mango con su mano izquierda.

DES DIEVX. 427

peint dõques le Sõmeil tout languiſſant auec deux robbes, l'vne blãche, qui eſt par deſſus, & l'autre noire, Robbe somm

Vincenzo Cartari, Imagine degli Dei antichi (1608)

Brueghel el viejo, Torre de Babel *(1563)*

XVI - La Torre o La Maison-Dieu

Esta sugerente carta representa a una torre cuyo tejado acaba de abrirse sacudido violentamente por un rayo. Dos personajes que parecen haber caído de ella caminan sobre las manos, al parecer con gran alegría. Del cielo caen bolas de diversos colores: blancas, rojas, amarillas y azules.

Resulta sumamente curiosa la forma del cuerpo del primer personaje, que parece dibujar una letra hebrea, la *Ayin* (ע). Esta letra es la decimosexta letra del alfabeto. En la Cábala se relaciona esta letra con algo negativo y con la maldición. El Zohar explica que a raíz del pecado Adán y Eva perdieron sus vestiduras de luz, *or*, escrito con *Alef*, para revestir unas de piel, *or*, escrito con *Ayin*. Esta letra, y por ende el número 16, representa la expulsión del paraíso.

Tarot de Conver (1760)

Tarot de Chausson (1736)

Por otra parte, el comentarista clásico más respetado, Rashi, escribía que «utilizando una *Ayin* en vez de una *Alef* en el *Birkat haKohanim*, «la bendición sacerdotal, la bendición se convertía en maldición».

En algunos *Minchiatte* italianos nos encontramos también con esta ambigüedad bendición/maldición. La Torre no aparece como la casa de Dios, sino como la casa del diablo, pero en realidad es un equívoco, ya que se podría tratar de una imagen del paraíso, del cual Eva es expulsada por el propio diablo.

Sea como fuere, el fuego que podemos apreciar en esta carta es el fuego de las pasiones, del sexo que «vuelve locos a los hombres». Una alusión harto explícita al tema la podemos ver en la forma de las ventanas de la torre, así como en el Tarot de Sola Bosca (página 170). En los Tarots de Vieville (1650) o el de Vandenborre (1762), el sexo está representado por el árbol, que parece hacer de pararrayos y recibir al fuego celeste, situado entre las piernas del personaje.

Tarot de Vieville (1650)

Tarot de Vandenborre (1762)

Minchiate fiorentino

Minchiate italiano

Para muchos autores nuestra *Maison-Dieu* representaría a la famosa Torre de Babel. Nos parece una interpretación muy simplista. Otros, más sutiles, sugieren una equivalencia simbólica entre la torre y el atanor alquímico.

Mutus Liber, imagen del atanor

En el capítulo XVIII de la famosa obra alquímica *La entrada abierta al palacio cerrado del Rey*, de Ireneo Filaleteo, en el párrafo IX se describe el atanor diciendo que tiene forma de «torre de nido» y más adelante (párrafo X) que «el nido ha de tener también en su cima una tapadera». Para Dom Pernety, el erudito alquimista benedictino, la torre es también un símbolo del atanor, y nos explica alquímicamente el famoso episodio de Danae encerrada en una torre de estaño. Únicamente Júpiter, símbolo del fuego celeste, pudo, en forma de lluvia, introducirse en la torre y liberar a la prisionera.

En el naipe del Tarot de Marsella podemos ver a este fuego celeste y a la lluvia, que representan a Júpiter, así como a los dos alquimistas, el maestro y el discípulo, que bailan y hacen cabriolas de alegría.

Julius Wilhelm Zincgref, Emblematum ethico-politicorum centuria *(1619)*

Horapolo (1571)

Tarot de Sola Bosca (s. XV)

En el siglo XIV, la expresión *Maison-Dieu* designaba a aquellas casas en las que se recogía y curaba a los indigentes y a los peregrinos, que más tarde se llamarían hospitales. Quienes estaban a cargo de ellas eran eclesiásticos y muchas de ellas se encontraban situadas a lo largo del camino de Santiago.

En un artículo de un número especial de la revista *Le Voile d'Isis* dedicado al Tarot, el señor Auriger escribió lo siguiente a propósito del arcano XVI:

> Parece existir una relación entre las piedras de granizo que rodean a la Torre fulminada y la palabra *Beit-El*, «Morada divina», de la cual se hizo «betilo», palabra con la que los semitas designaban a los aerolitos o «piedras de rayo».

Sea como fuere, esta carta también se ha asociado con la cólera divina y en algunas representaciones el rayo no alcanzaba a una torre, sino a un árbol. Tal es el caso del Tarot de Vieville (1650), que retomará el Tarot de Vandenborre (1762). En estos Tarots no llevaba, pues, el nombre de *La Maison-Dieu*, sino el de *La Foudre*.

Esta carta también puede relacionarse con el famoso sueño de Jacob en un lugar denominado Betel. Ya vimos la asociación que realizaba el esoterista Auriger entre las piedras de granizo que rodean a la torre fulminada y la palabra *Beit-El*, «Casa de Dios», de la cual deriva «betilo», palabra con la que los semitas designaban a los aerolitos o «piedras de rayo».

Tarot del s. XVIII

El texto de la *Torah* tachará *Betel* de «lugar terrible». Como hemos visto, *Betel* está relacionado etimológicamente con «betilo». En las culturas semíticas esta piedra se asociaba con el rayo. Tanto el Zohar como los escritos de los cabalistas comentan que Jacob luchó en realidad con un ángel que encarnaba las fuerzas del mal. Quizá ésta sea la razón de que en el orden de los arcanos el que precede a éste sea precisamente el XV, El Diablo.

En los *Emblemas cristianos* de Georgette de Montenay, una obra esencial de la emblemática del s. XVI, nos encontramos con una representación de la Torre de Babel en la que además del fuego, que correspondería al rayo, aparece un ángel soplando. Mientras que los hombres se afanan en sus trabajos, su obra es destruida por los elementos. Sin duda de allí el título de este grabado, QUID SUPEREST («Lo que queda»). Los azadones de los trabajadores recuerdan a la guadaña del Diablo, el arcano anterior.

Georgette de Montenay, Emblèmes chrétiens *(1571)*

Pauli Macii, Emblemata Cum Privilegijs (1618)

En el bello grabado de Pablo Maci podemos ver una torre de la cual también cae un personaje, como en nuestro naipe del Tarot. En él, sin embargo, el día es plácido y ni llueve ni caen rayos.

Minchiate italiano

Werner Rolevinck (1425-1502)

Antonius Polus (s. XVI)

Torre de Babel, *Minchiatte italiano*

Paul Pezron (1639-1706)

Las Estrellas *(Tarot italiano)*

XVII - La Estrella o L'Étoile

Vemos en este bello naipe a una muchacha desnuda cuyos cabellos caen sobre sus hombros, con una rodilla apoyada al suelo. La Estrella vierte el contenido de dos jarras en un estanque o un arroyo. Aparecen también tres arbustos. En el mayor de ellos podemos apreciar un pájaro completamente negro. En el cielo vemos una gran estrella de ocho puntas rodeada de siete astros más pequeños.

La estrella es uno de esos símbolos universales que encontramos en todas las épocas y en todos los pueblos. Punto de luz en la oscuridad de la noche, es también un punto inmóvil que contempla la traslación del Sol, la Luna y los demás astros y sirve de guía a navegantes y peregrinos que se quieren orientar en la noche.

Para los antiguos, la estrella de ocho puntas representaba a la diosa Ishtar, cuyo planeta era Venus;[45] sin embargo, también podemos asociarla a Júpiter.

En el tarot de Rosenwald apreciamos la simplicidad de la estrella de ocho puntas, que dará origen a la que vemos en los Tarots marselleses.

Tarot de Rosenwald

45. *Véase* Zecharia Sitchin, *El Duodécimo Planeta*, Barcelona, 2002, Ediciones Obelisco, pág. 264.

En algunos Tarots, por ejemplo el de Pierre Berenger (1790-1855), no recibe el nombre de La Estrella, sino Las Estrellas. En el de Conver (1760) será *Le Toille*.

Dos detalles llaman la atención en la mayoría de barajas: un pájaro negro (¿un cuervo?) que apreciamos en un árbol situado en la parte izquierda de la carta, y una doblez en la rodilla izquierda del personaje. De las ocho estrellas que vemos en el cielo, una tiene ocho puntas amarillas y ocho rojas. Nos podríamos hallar sencillamente ante el Sol y los siete planetas tradicionales.

Tarot de de Pierre Berenger (1790-1855)

Tarot de Conver (1760)

Para algunos autores esta estrella sería la famosa «estrella de los Reyes Magos». Sin duda, por esta razón, en algunos grabados antiguos aparecen los tres Reyes Magos siguiendo el camino de la estrella hasta Belén. Esta misma estrella era el objeto de las grandes peregrinaciones medievales, la de Compostela, por ejemplo. Señalemos que esta palabra deriva de *Campus* y de *Stella*, «Campo» y «Estrella». Por otra parte, se sabe que el nombre primitivo de Santiago era *Civitas venera*, «Ciudad de Venus».

En un antiguo Tarot del s. xv conservado en Rouen podemos ver a la Estrella representada por Venus saliendo del mar. La diosa sostiene una lanza en su mano derecha. Diosa del amor, también era, en cierto modo, diosa de la muerte. Según Cartari «el hecho de ser la más antigua de las Parcas significaba que ponía fin a la vida humana».

Inclitum sydus,
naipe francés del s. XV

La Estrella es una figura femenina, completamente desnuda, que está vertiendo un líquido (¿agua?) de unas vasijas a lo que parece ser un río. ¿Se trata de una ninfa? Probablemente. Sin embargo, contemplado con los ojos del cabalista, este arcano se refiere a una experiencia concreta, la experiencia de la Bendición. Fijémonos en un detalle que muchas veces pasa desapercibido y que se ve claramente en el Tarot de Berenger: la rodilla del personaje. Ya hemos comentado que «rodilla», en hebreo *berej,* y «Bendición», en hebreo *Berajah*, comparten raíz. La Bendición llega después de mucha oración que, según la feliz expresión de Emmanuel d'Hooghvorst, «usa las rodillas».

Para recibir esta Bendición, que está más allá del mundo sublunar, hay que arrodillarse como hace el sabio del grabado suizo que veremos a continuación.

En el Tarot de Jerger (s. XVIII) nuestra Estrella tiene cinco puntas, y las siete que la acompañan también. Aquí no aparece el pájaro y hallamos el título particularmente mal escrito LE TOILL

Tarot de Jerger (s. XVIII*)*

Bendición de la Luna, *Majzor renacentista*

XVIII - La Luna o La Lune

Esta carta nos presenta a dos perros (o dos lobos) ladrándole a la Luna, hacia la que se dirigen unas gotas de lo que podría ser rocío, un motivo que aparecerá también en otros arcanos. Para Court de Gébelin se trataría de «lágrimas de oro y de perlas» porque «las lágrimas de Isis llenaban cada año las aguas del Nilo». Curiosa explicación. En cualquier caso, los dos perros parecen aullar porque estas lágrimas, que parecen gotas de un queso lunar que se está fundiendo, se volatilizan y van hacia la Luna.

Tarot de Chausson (1736)

Tarot de Héri (1710)

En la mayoría de Tarots esta Luna se encuentra en cuarto creciente y parece estar dividida en tres planos. Del círculo lunar, en el que podemos apreciar el perfil de la Luna, parten siete rayos de tres colores distintos. En la parte inferior de la lámina nos encontramos con una animal que recuerda tanto a un cangrejo como a un escorpión en una especie de piscina o estanque. En el fondo el naipe aparecen dos torres que suelen ser doradas como el suelo.

Scipione Bargagli Imprese (1612)

Théodore de Bèze, Emblèmes (1581)

Whitney's Choice of Emblems (1586)

Gargantúa «guardaba a la Luna de los lobos» (*Gargantúa y Pantagruel,* Cap. 11). En francés existe el proverbio de *Garder la Lune d'etre mangée des loups para* referirse a las preocupaciones inútiles. Antoine Le Fèvre de La Boderie, traductor y posiblemente cabalista, sostenía que «Dios guarda a la Luna de los lobos». ¿Qué significa esta expresión? Según el *Tesoro de las dos lenguas española y francesa* de César Oudin (1675), significa «perder el tiempo».

A parte de los perros, son de destacar dos torres, de distintos colores, que, como los dos perros, podrían hacer referencia a las dos Inclinaciones, la Buena y la Mala Inclinación.

Si en vez de lobos queremos ver en este naipe a otro animal recordaremos al perro que perseguía a *le Mat*, el Loco. Se trataba de la Mala Inclinación. Ya señalamos al comentar esta carta que al Loco le falta «cordura», de *cor-cordis*, «corazón». ¿Por qué insistimos en esto al referirnos a la Luna? Porque en hebreo «corazón» es *lev*, y «Luna», *Levanah*. Curiosamente, perro es *kelev*. Por otra parte, a los locos se les llamaba «lunáticos» porque se creía que estaban influenciados negativamente por la Luna.

Los egipcios llamaban a Hécate, diosa de la magia y de la hechicería, «perra». En la mitología griega se relacionaba al perro con Artemisa, y Eurípides le dijo que se convertiría en el perro de Hécate, portadora de luz. En algunas representaciones aparece con tres cabezas de perro.

En el grabado siguiente de Wenceslaus Hollar (s. XVIII) podemos apreciar a Hécate junto a Diana, en cuya cabeza se halla una pequeña Luna. Tampoco faltan los dos perros, que se encuentran a la izquierda.

Wenceslaus Hollar (s. XVIII)

Tarot de Dodal (1700)

Tarot de Jerger (s. XIX)

La relación entre la Luna y el cangrejo nos la proporciona la astrología, para quien este astro es el regente del signo zodiacal de Cáncer, el cangrejo. La asociación Luna/cangrejo es bastante corriente en la iconografía de la época. La Luna influye en las mareas y por lo tanto en la vida en general. En nuestro naipe se nos está diciendo que la Luna influye sobre las aguas de la alberca en la que se encuentra el cangrejo.

Observemos que en Tarot de Jerger, un bellísimo Tarot de Besanzón de finales del XVIII o principios de XIX, las lágrimas lunares han desaparecido.

La Luna y los pescadores de cangrejos, *Georg Pencz (1500-1550)*

De alguna manera podríamos asociar al cangrejo de este arcano con el hombre, que después de su expulsión del paraíso «camina hacia atrás». Los dos perros y las dos torres corresponden a las dos Inclinaciones y, como ocurre en algunos Tarots, el árbol que está en el centro es el hombre mismo. El perro de la izquierda más parece un lobo malvado que un can, y la torre de la izquierda es puntiaguda mientras que la de la derecha es redondeada y sostiene una bandera. Es la Buena Inclinación.

Tarot italiano (1790)

Como ya vimos que ocurría con otros naipes, también éste puede relacionarse con el patriarca Jacob. En la bendición mensual de la Luna que realizan los judíos ortodoxos nos encontramos con la iniciales de Iakov (Jacob):

ברוך יוצריך ברוך עושיך ברוך קוניך ברוך בוראיך

En hebreo la Luna tiene tres nombres: *levanah* (לבנה), *iarja* (ירח) y *sahar* (סהר). En *levanah* (לבנה), que literalmente sería «la blanca», nos encontramos con la raíz *lev* (לב), que significa «corazón». *Iarja* (ירח) indica a la Luna como regente de los meses. *Sahar* (סהר) haría más bien alusión a la redondez de la Luna.

La ilustración que encabeza este capítulo procede de un libro de oraciones y se refiere precisamente a la Bendición de la Luna. Cada mes lunar comienza con una fiesta denominada *Rosh Jodesh*, «Cabeza del mes», donde se recita la bendición que acabamos de citar.

Calendario de Johannes von Gmunden (1496)

XVIIII - El Sol o Le Soleil

Vemos en esta lámina al Sol brillante que deja caer gotas de un líquido indeterminado sobre dos niños medio desnudos que están de pie cubiertos por un taparrabos. Detrás de ellos se puede ver un pequeño muro cuya parte superior está exactamente a la misma altura que los taparrabos. Por la forma de las caderas y la longitud del pelo, en el Tarot de Burdel (1751) se adivina que el personaje de la derecha es un niño, y que el de la izquierda una niña. En el de Schaer (1784) es más difícil de determinar. En este último, el muro está más perfilado.

Los dos niños corresponden al signo de Géminis. Podría tratarse de Cástor y Pólux, pero también de Adán y Eva, del principio masculino y el femenino.

Tarot de Burdel (1751)

Tarot de Bernard Schaer (1784)

La presencia de dos niños en este naipe puede resultar desconcertante, pero no hemos de olvidar que en la astrología medieval se asociaba al Sol con el signo de Géminis.

Arija, Géminis (1904)

Grabado de una obra del alquimista Basilio Valentín

Ya vimos al hablar de La Luna o *La Lune* que el genial Rabelais nos regalaba una deliciosa expresión a propósito de los perros. En el mismo libro nos dice que el gigante Gargantúa «pissoit contre lo Solei», «orinaba contra el Sol». Resulta curioso constatar que en el Tarot de Schaer (1784) las gotas que vemos en el cielo no vienen del Sol, sino que van hacia el Sol. Lo mismo ocurre con el Tarot de François Gasmann (1840).

Teniendo en cuenta cuál es la lámina siguiente, el arcano XX, El Juicio o *Le Jugement*, bien podríamos decir que este Sol es el Sol de la resurrección. Como escribe Louis Cattiaux (MR IV-41'):

> Lo que está dentro ha de reunirse con lo que está afuera y lo que está afuera ha de reunirse con lo que está adentro, para engendrar el Sol de la resurrección gloriosa.

En el Tarot de Burdel (1751) parecería como si los dos niños, que en otros mazos aparecen jugando, aquí se estén peleando. En el de Blanck y Tschan las gotas que podemos apreciar en otros Tarots han desaparecido, y en el de Gasmann quedan reducidas a 9.

Tarot de Blanck y Tschan (1793)

Tarot de François Gasmann (1840)

El Sol se asocia simbólicamente con el rey y con el león, que es el rey de las fieras, como podemos ver bellamente representado en el grabado de Beham dedicado al signo de Leo.

El Sol es símbolo de vida. Como nos enseñan los antiguos, el Sol es quien da la vida a todos los seres. Por ello mismo simboliza también a la eternidad y la inmortalidad, y los alquimistas lo relacionaban con oro.

Ángel del Juicio

XX - El Juicio o Le Jugement

Nos encontramos en esta carta con tres personajes que están saliendo de una tumba al escuchar el sonido de una trompeta que parece despertarlos. Pero si nos fijamos bien, detectaremos que sólo uno de ellos, que nos está enseñando su fundamento, está por salir de la tumba, mientras que los otros dos ya están afuera. Muy extraño.

En realidad se trataría de un único personaje, o mejor dicho, del cuerpo, el que está en la tumba, y del alma y el espíritu de este personaje que no están en el interior de la tumba. El alma y el espíritu están en oración: de este modo lo están ayudando a salir de la tumba.

Así aparecen en casi todos los Tarots, ya desde el protoTarot de Rosenwald, en el que el personaje que ha de resucitar aún no ha salido de la tumba. El cuerpo del ángel que está tocando la trompeta tiene forma de letra *Samej* (ס), que evoca a un escudo, a una protección del cielo.

Tarot de Rosenwald

Tarot renacentista italiano

Si bien el personaje principal de este naipe es el hombre desnudo que está resucitando, el más vistoso es el ángel que toca la trompeta. Se lo denomina «el ángel del Juicio». En algunos Tarots, como el Tarot de Beltramo (1800), esta carta ya no recibe el nombre de El Juicio, sino El Ángel (*L'Ange*), y en un moderno Tarot napoleónico ni siquiera aparece un ángel, sino un globo aerostático.

Tarot de Beltramo (1800)

Tarot de J. Blanche (Besanzón, hacia 1800)

De algún modo coinciden con esta carta las llamadas «famas» florentinas. *Fama volat*, «la fama vuela», es una expresión latina que procede de Virgilio y que significa que las noticias se difunden rápidamente. Es curioso que Leonardo da Vinci señalara que «la buena Fama vuela y se eleva al cielo, porque las cosas virtuosas son amigas de Dios», y que «la infamia debe figurar ser vista patas arriba ya que todas sus obras son contrarias a Dios y se dirigen a los infiernos».[46]

Fama, Florencia 1790

46. Paul Vulliaud, *El esoterismo de Leonardo da Vinci*, Ediciones Obelisco, Rubí, 2021.

En el bellísimo Tarot de Carlos VI no nos encontramos con un ángel, sino con dos, y además de los tres personajes que suelen aparecer en otros Tarots, tenemos también a cuatro más.

En el Tarot revolucionario de François Isnard (1794), el Juicio aparece como la Trompeta.

Tarot de Carlos VI

Tarot de François Isnard (1794)

Existe en hebreo el concepto de *Ajarit haIamim* (אחרית הימים), «Los últimos días» en los que tiene lugar la resurrección de los muertos, un día que se ha relacionado con la festividad de *Rosh haShannah* y con el sonido del *shofar*, palabra que se suele traducir como «cuerno» o como «trompeta». Se dice que su sonido no sólo tiene el poder de neutralizar al diablo, sino también de resucitar a los muertos.

Cosi va il Mondo, *Giuseppe Maria Mitelli (1634-1718)*

XXI - El Mundo o Le Monde

Nos hallamos ante la que quizá sea la carta más importante de todo el Tarot, ya que es la que cierra el círculo iniciado con *Le Mat* o El Loco.

Vemos en este naipe a una figura femenina desnuda, envuelta por un velo, que sostiene una varita en cada mano y está en el interior de una triple guirnalda. Su pierna izquierda está cruzada y se apoya con el pie derecho sobre una banda dorada. En las cuatro esquinas de la carta aparecen los cuatro animales simbólicos del Apocalipsis: el león, el toro, el ángel y el águila.

Si bien estos cuatro animales son ampliamente conocidos como los cuatro evangelistas, muy probablemente su origen debe buscarse en la famosa visión de Ezequiel, base de la Cábala, la *Merkavah*. Por otra parte, hay quien ha relacionado a estos cuatro animales con los cuatro elementos alquímicos, y al personaje central con la Quintaesencia.

Tarot de Chafard (s. XVIII)

Tarot de Conver (1760)

Tarot de Rosenwald

En el protoTarot de Rosenwald encontraremos ya los principales motivos de este arcano: el ángel y el mundo. No aparecen ni la trompeta ni los cuatro animales, que se irán incorporando en mazos más modernos.

La relación entre este ángel, que posteriormente será la virgen, o sea la figura femenina desnuda que aparece en este naipe, y el mundo, queda bien clara en la etimología hebrea de esas dos palabras. *Alma* significa «virgen» y *olam* significa «mundo». La raíz *alam* (עלם) significa «oculto», «disimulado». El órgano sexual de nuestra virgen aparece disimulado por un velo que a menudo es de color rojo.

Los cuatro elementos

Aunque no hay una relación etimológica, no podemos dejar de señalar la relación fonética entre «alma» y «almendra». El significado esotérico de la almendra, o la mandorla, no puede ser más evidente: es el corazón, que habitualmente se identifica con el alma. En hebreo «almendra» se dice *luz*, y corresponde, como vimos al hablar del arcano n.º XVI, al huesecillo de la inmortalidad. Se trataría de la *Anima Mundi* que, según Marsilio Ficino, mediaría entre el hombre y Dios, papel que la Cábala atribuye a la *sefirah* de *Maljut* y el cristianismo a la virgen.

Tarot florentino (1790)

Onosandro Platonico,
De re Militari (1565

A finales del siglo XVIII, a pesar de la tan cacareada conquista de América, a pesar de los numerosos viajes por Asia y Oriente Medio, se consideraba al mundo circunscrito todavía a la vieja Europa, como podemos apreciar en el siguiente Tarot florentino de 1790. En vez de los cuatro animales nos encontramos con cuatro vientos, representados por unos pequeños ángeles.

Resulta curioso constatar que en los Tarots marselleses tradicionales tres de estos cuatro animales están coronados por un aura: el ángel, el león y el águila. Únicamente el toro, animal terrestre por excelencia, no la lleva. De los cuatro elementos tradicionales, el toro corresponde al elemento Tierra. También podemos ver aquí una alusión a los cuatro sabios que, según el Talmud (*Jaguigah* 16a), entraron en el *Pardes.* Sólo uno de ellos, representado aquí por el toro, salió indemne. Los demás se vieron afectados por la locura, la pérdida de la fe o la muerte. Como dirían los ocultistas, «se quedaron enganchados en el astral».

El extraño objeto que la virgen sostiene con su mano izquierda ¿un tubo o una varita mágica? nos remite al primer arcano, El Mago o *Le Bateleur.*

El velo rojo que cubre púdicamente sus partes es del mismo color que las tres aureolas.

Esta imagen de Aquiles Bocchi (1751) parece haber sido tomada directamente del Tetramorfos cristiano. Se ha hecho corresponder a los cuatro animales que aparecen en las esquinas con los cuatro evangelistas, pero en realidad están tomados de la famosa visión de Ezequiel (I-19), que inspiraría en parte a san Juan en su Apocalipsis. El águila, la rueda, el león y el fuego aparecen aquí en manos de cuatro angelitos.

Achillis Bocchii Bonon, Symbolicarum quaestionum, de universo genere *(1751)*

El personaje humano de *Le Monde* se ha relacionado con san Mateo. En esta carta aparece arriba a la izquierda representado por un ángel.

El león, que está abajo a la derecha, se asocia con san Marcos y suele aparecer con una aureola, generalmente de color rojo.

El toro, que está abajo a la izquierda, correspondería a san Lucas y es el único, aparte de la virgen, que no lleva aureola.

El águila, en hebreo *nesher* (נשר), procede de la raíz *nashar* (נשר), que significa «caer». Cuando se abalanza sobre su pieza, el águila parece caer en picado del cielo. Se relaciona con san Juan.

Si nos dirigimos al texto de Ezequiel, podemos hacerlos corresponder con las cuatro *Jaioth*, los cuatro animales vivos. En su texto se menciona el arcoíris, que en nuestra carta podría corresponder a la mandorla. En vez de un hombre en un trono, en el Tarot tenemos a un ángel. Una explicación de este misterio nos la ofrece Maimónides en su *Guía de Perplejos o Extraviados*.[47]

Book of Durrow (s. VII)

---

47. En el capítulo VII de la tercera parte, págs. 222 y 223 de nuestra edición: Maimónides, *Guía de perplejos o extraviados*, Ediciones Obelisco, Barcelona, 2010.

Bartolomé de Medina, Expositio in tertiam D. Thomae partem (1527-1561)

Pierre de Saint André, marca de imprenta

Simon Goulart, Divers Tableaux, *(1657)*

Comentando el libro del Eclesiastés que afirma que «todo es vanidad», Roger Goulart nos deja en su *Le microcosme contenant divers tableaux de la vie humaine* (1657) una representación de nuestra virgen liberándose del velo. Fijémonos su cualidad de volátil que no sólo nos revelan sus alas, sino también el hecho de que carezca de pies.

Otro mazo particularmente bello es el de Giuseppe Maria Mitelli (1634-1718), en el que nuestra virgen cabalga una Rueda de la Fortuna y sostiene a un asno con los bienes de este mundo. En este caso sí lleva el velo cubriendo en parte su desnudez, tiene pies y nos está diciendo COSI VA IL MONDO («Éste es el mundo»). Sin embargo, al estar sentado sobre la rueda, nos enseña que ha trascendido el destino astrológico y levantando sin esfuerzo alguno al asno y las monedas, que ha superado lo material.

Tarot de Mitelli

El Mundo de nuestro Tarot corresponde al Olam haBa de la cábala, el mundo Venidero, la última estación de ese itinerario denominado «vida». Este mundo es como una prisión y la entrada en el mundo venidero es la salida de esa prisión.

Arlequin

A modo de conclusión

Tras hacer este repaso, por lo demás provisional, de los XXII arcanos del Tarot y de algunos de los símbolos que los conforman, podríamos comparar a éste con un mar al que van a parar restos y residuos transportados por XXII ríos. Estos restos bosquejarán a cada uno de los arcanos y nos darán una cierta idea de la tierra a la que pertenecían, idea deformada quizá, pero al menos conservada gracias al río.

Nos hallamos, pues, ante una sabiduría fragmentaria y fragmentada, ante trocitos de una sabiduría arcana. Reuniendo como en un puzle estos fragmentos, el alma sensible puede llegar a intuir la presencia de esta sabiduría y, a veces, incluso saborearla. Quizá el símbolo más obvio de esta sabiduría sea el libro que sostiene la Papisa. Un libro abierto en el que podemos adivinar las olas de este mar. Como escribíamos al hablar de esta carta:

> El hecho de que el libro está abierto y situado encima de las rodillas, indica que para poder leerlo hay que haber recibido una cierta bendición. Si no, no se puede «leer bien» y nuestra interpretación del mismo es carnal y profana. En hebreo «rodilla», se dice *berej*, y está relacionada etimológicamente con *Berajah*, «Bendición». En cierto modo, este libro es la imagen de todo el Tarot, ilegible si no se dispone de esa bendición.

Como todo libro inspirado, el Tarot es «una cosa aburrida, oscura e inútil» para aquellos cuya alma carece de la sensibilidad imprescindible para leer entre líneas, para ir más allá de las imágenes y de los símbolos. Es precisa una exégesis que lo aclare, que saque afuera lo que está dentro,[48] que nos guíe hacia la salida del mundo-prisión del Loco. Sin embargo, las meras explicaciones no son suficientes, pues lo que intenta enseñarnos este libro trasciende lo discursivo. Más que «leerlo», es necesario «leerse» en él, como nos miraríamos en un espejo.

Hemos visto en muchos arcanos el paralelismo entre estos y uno de los temas mayores de la Cábala judía: el sueño de Jacob. Éste se presenta como un hilo conductor a lo largo de todo el Tarot. Como los libros sagrados de todas las tradiciones auténticas, éste también nos habla de un único misterio: la resurrección.

Esta resurrección la encontramos en el arcano n.º XX, El Juicio, que abre las puertas a otro gran misterio, el mundo venidero, el *Olam haBa* de los cabalistas, que podemos apreciar en la carta siguiente, El Mundo. Se trata del mundo verdadero, ya que aquél en el que vive el Loco, o sea todos y cada uno de nosotros, es más bien un inmundo, un mundo con piel, un mundo sin luz, que ha de ser «mondado», purificado, iluminado. Podemos ver a esta purificación en el arcano

48. Etimológicamente *exégesis* significa «guiar hacia fuera».

de La Muerte. La bendición necesaria, imprescindible, para este proceso la vemos en el arcano número XVII, La Estrella. No es casual la equivalencia simbólica entre «Baraja» y *Berajah*, «Bendición».

Ha sido dicho que el Libro es el Hombre. Y el Tarot nos habla de este Hombre, con mayúscula, el hombre interior dormido dentro del hombre exterior que creemos ser. Este hombre interior, que carece de la Palabra liberadora, está como El Loco, *Le Mat*, mudo.

Por esta razón, como también decíamos al principio de este libro, el Tarot es un *Mutus Liber*, es decir un libro mudo, un libro sin palabras. Lo es en su totalidad y en cada una de las cartas que los componen. Es Uno y es XXII.

El primer autor en hablar del Tarot como de un libro fue Antoine Court de Gébelin (1725-1784) cuando escribía:

> Sorpresa que causaría el descubrimiento de un libro egipcio. Si se nos dijera que existe aún, en nuestros días, una obra del antiguo Egipto, uno de sus libros escapado de las llamas que devoraron sus soberbias bibliotecas y que contiene su doctrina más pura… Digámoslo de una vez: este libro es el TAROT.[49]

Court de Gébelin nació en Nimes (Francia) el 7 de enero de 1725; el autor de estas páginas también nació un 7 de enero y se las dedica con admiración y agradecimiento.

49. Court de Gébelin, Antoine, *Histoire naturelle de la parole, ou Précis de l'origine du langage & de la grammaire universelle; extrait du Monde primitif*, París, Chez l'auteur, 1776.

Bibliografía

Anónimo: *La Vérité*, Londres, 1775.

Andreae, J.V.: *Las Bodas alquímicas de Christian Rosacruz*. Ediciones Obelisco, Barcelona, 2004.

Cattiaux, L.: *El Mensaje reencontrado*. Editorial Sirio, Málaga, 2000.

Filaleteo, I.: *La entrada abierta al palacio cerrado del rey*. Ediciones Obelisco, Barcelona, 2024.

Guénon, R.: *El esoterismo de Dante,* Ediciones Obelisco. Barcelona 2021.

—: *El rey del mundo*. Ediciones Obelisco, Barcelona 2021.

de Sevilla, I.: *Etimologías*. BAC, Madrid, 1982.

Tsé, L.: *Tao Te King*. Ediciones Obelisco, Barcelona, 2022.

Nadolny, I.: *Historia del Tarot*. Ediciones Obelisco, Barcelona, 2020.

Peradejordi, J.: *El Tarot Esotérico*. Ediciones Obelisco, Barcelona, 1996.

—: *Los Templarios y el Tarot*. Ediciones Obelisco, Barcelona, 2022.

—: *El Tarot de Marsella*. Ediciones Obelisco, Barcelona, 2021.

Peradejordi, J., y Duran, E.:, *El Tarot de Rennes le Château*. Ediciones Obelisco, Barcelona, 2014.

Ed. de Sabas Martín, *La Danza de la Muerte*. Códice de El Escorial, Miraguano Ediciones, Madrid, 2001.

Tort, M.ª del M.: *El arte de interpretar el Tarot*. Ediciones Obelisco, Barcelona, 2023.

—: *El Tarot de las sensaciones*. Ediciones Obelisco, Barcelona, 2021.

—: *Manual de interpretación del Tarot*. Ediciones Obelisco, Barcelona, 2014.

—: *Manual de interpretación del Tarot con los 78 arcanos*. Ediciones Obelisco, Barcelona, 2017.

—: *Libreta de lecturas del manual de interpretación del Tarot*. Ediciones Obelisco, Barcelona, 2021.

Vullaud, P.: *El esoterismo de Leonardo da Vinci*. Ediciones Obelisco, Barcelona, 2021.

El Zohar. Traducido, explicado y comentado (26 volúmenes), Ediciones Obelisco, Barcelona.

Índice

En este libro tienes 28 lecturas distintas interpretadas paso a paso. Cada una cuenta con un esquema de posición para facilitarte el funcionamiento de la lectura. En sus páginas hallarás lecturas psicológicas, kármicas, generales y predictivas. Lecturas para conocer aspectos sobre la salud, el dinero, el sexo, la pareja, la boda, el negocio, etcétera. Además, hemos añadido los significados clave de cada uno de los arcanos mayores para facilitarte y recordarte todo aquello que representan.

En tus manos tienes un libro de Tarot distinto, dirigido a las personas que ya conocéis los arcanos mayores del Tarot y que queréis mejorar vuestras habilidades a la hora de interpretar las cartas. Un primer secreto que ya te desvelamos es la importancia de elegir en cada caso la lectura que mejor desarrolle el tema a abordar.

El libro es obra de Maria del Mar Tort i Casals, quien te explica de forma clara y didáctica cómo realizar cada una de las lecturas. Para ello se basa en su amplia experiencia como profesora de Tarot y tarotista desde el año 2001.También es directora de la Escola Mariló Casals, directora de Congresos de Tarot y una de las promotoras del Código Ético del Tarot.

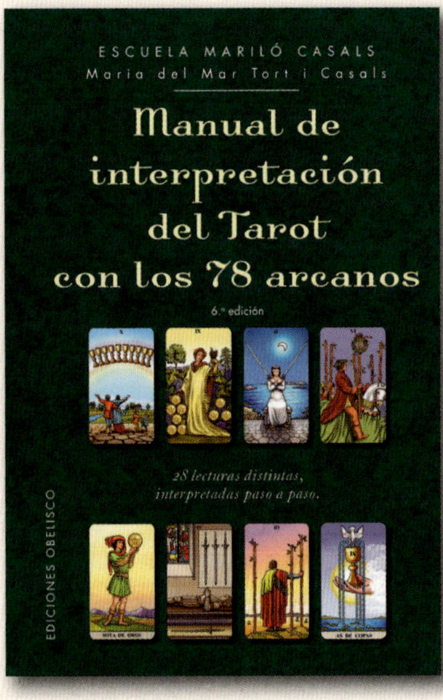

Con este libro aprenderás a fluir en la interpretación del Tarot, trabajando con los 78 Arcanos. Si ya conoces todos los Arcanos, encontrarás en él 28 lecturas diferentes para practicar, experimentar y ampliar los significados de cada una de las cartas. Si sólo conoces los Arcanos Mayores, aprenderás los Arcanos Menores practicando.

Con su lectura, pongo en tus manos la experiencia de más de diecisiete años enseñando Tarot y un método que te permitirá aprender a interpretar las cartas de una manera fácil y amena. La obra contiene una parte práctica con 28 lecturas diferentes a las de mi primer libro. Se trata de lecturas de crecimiento personal, trabajo y dinero, amor y sentimientos, evolutivas y espirituales, generales, concretas, etc. Todas ellas interpretadas paso a paso y con una plantilla para que puedas seguirlas en cada punto.

También hallarás unas fichas resumen de cada una de las cartas que te facilitarán el aprendizaje de todos los Arcanos, así como unas pequeñas historias que te ayudarán a entender las cartas y a fluir en la interpretación.

Si te gusta el Tarot y quieres aprender o ampliar el conocimiento de cada uno de los 78 Arcanos, y deseas fluir en la interpretación, ahora tienes en tus manos un buen compañero de viaje.

Éste es un libro para aquellas personas que ya conocen los arcanos mayores y quieran aprender a fluir de la mano de una lectura de las más completas.

Aprenderás una lectura que te permitirá responder rápidamente a preguntas muy concretas, pero a la vez también dar respuestas profundas y con mucha información a preguntas complejas.

Encontrarás una primera parte de recomendaciones generales. Otra de técnicas donde se explica los cuatro puntos metodológicos. Y una parte de lecturas explicadas paso a paso ordenadas en tres grupos:

- Lecturas psicológicas y predictivas: Lecturas generales, familia, trabajo, sentimientos, amor, sexo, homosexualidad, inmuebles, dinero y salud.
- Lecturas evolutivas, kármicas y espirituales: Karma, más allá, mensajes del más allá, fenómenos paranormales, cuál es tu don y ¿me han hecho una magia?
- Lecturas de tarot social: Tarot social de país y política. Deportes.

Más de veinte lecturas interpretadas paso a paso, punto por punto para que puedas aprender a fluir en la interpretación con esta lectura rica en detalles y profunda en sus respuestas, teoría y combinaciones.